U0106878

香港粵語趣談

——生活中的四字詞

黃虹堅 著

編寫說明

　　近年定居香港的朋友越來越多。他們熱愛香港及其文化，希望盡早融入香港生活。香港人特別是土生土長的年輕一代，對香港語言的感情與生俱來，有興趣更深入地了解自己賴以生存、工作和交流的用語。

　　本書針對這部份讀者，介紹香港粵語的一些小知識及四字詞的意趣，以助新港人新移民更快更好地融入香港各階層的社會生活，開展人生新旅程。老香港人及年輕一代，也可藉本書進一步了解這片故土的語言，加深對她的熱愛及運用技能，並了解普通話的一些說法，從中收穫語言學習及生活的趣味。

　　粵語是中華語言寶庫中不可或缺的一員。它與其他地區方言一起，共同為中華語言大家庭添磚加瓦，在中華語言的百花園開出自己獨有的姿采。

　　本書作者為香港的大學語言導師和著名作家，具多年教授普通話和粵語經驗，對語言運用尤具心得，對兩種語言的運用與切換均見精道熟練。由她撰寫的本書語言生動，句式豐富，提供了粵普口語對照，實用性甚強。

　　和純語言書類不同的是，作者發揮自身文學的優長，嘗試把粵語四字詞放在香港生活場景的小故事或文化小品去體現其用法，有一定的文學性，讀來頗富趣味。讀者在學習了解粵語知識及粵、普實用句子之餘，也能享受到文學閱讀的意味。

　　書中文章精悍短小，多在千字上下，適合生活節奏緊張的香港人忙中一閱。

使用說明

1. 本書分成兩部份。第一部份旨在向讀者普及相關的粵語知識。

2. 第二部份選取了香港常用的 90 個四字詞分成六類,多以香港的社會、職場、家庭場景和文化小品配合說明,且附上普通話釋義。

粵語四字詞具備「跨類使用」(如可表示動作也可表示狀態)和詞性多樣(如可褒也可貶)的特質,故本書四字詞的類別、詞性劃分及表述也許有欠嚴謹,只供使用時參考。

3. 每個四字詞下均有兩個粵語例句和意思比較對應的普通話口語例句(對應的說法會有多種,本書只挑意義相近的一種),分別附上粵語注音與漢語拼音。建議讀者使用前先自學本書所附的粵語及普通話拼音方案,了解每個字聲、韻、調的拼合。

4. 坊間流傳有五六套粵語注音系統,本書注音採用了香港語言學會的系統。作者也參考了香港中文大學《粵語審音配詞字庫》及由廣東省教育行政部門公佈的《廣州話拼音方案》。惟近年粵音 9 聲調有簡化成 6 聲調的趨勢(入聲韻的 7、8、9 聲歸入 1、3、6 聲),學術討論雖有分歧,但為減輕實用者的學習難度,本書使用了 6 聲調注音。

5. 粵語和普通話在語流中都存在字的「變調」現象。本書一律標注口語習慣發音聲調,以利讀者使用。

6. 粵語用字無統一規定,同一個四字詞的用字在坊間也有所不同,本書用字依據主要是香港中文大學《粵語審音配詞字庫》和前香港教育署語文教育學院中文系編寫的《常用字廣州話讀音表》,且參考了內地饒秉才等粵語學者所修訂《廣州話俗語詞典》的合理表達。

7. 本書目的是「實用」,個別表達或需推敲,歡迎專業人士指正。

序言

　　筆者生於香港，長於內地。家庭、社會生活數十年來均操廣州話即粵語，其精髓自幼滲入血脈。中學時期遇上推普熱潮，大學又二度到北京求學，故普通話也日漸純熟地道。

　　上世紀 90 年代返港，在大學教授普通話和粵語數年，漸積心得，參與或獨立編寫了數份普、粵教材。得益於長期遊走於兩種語言的教學，對港人學習普通話及內地新港人學習粵語都有獨特的觀察和體會，明白其難點及解決方案。

　　粵語四字詞是粵語系統使用得較廣泛的熟語。香港不論男女，受教育程度及社會背景，日常生活中均見開口就說，使用自如。但其妙趣又恰令新港人疑寶叢生，在與同事、街坊相處中易生誤會，易有間隙。要踏進香港生活，對這些四字詞有些初步了解，便可減少麻煩與尷尬，增添生活趣味。

　　出於助人目的與對粵語的感情，筆者用心收集了六類常用四字詞 90 個，標其讀音，釋其含義，例句提供的語境清晰完整，接近香港普通民眾的表達習慣，較為生動，較接地氣，方便讀者去理解和使用。

　　筆者尤其注重發揮作家感悟生活及文字之長，嘗試把「文學」和「語言」兩類學科結合，通過寥寥幾筆去勾畫出香港職場、家庭、古代的場景，其中的人物、情節、細節又多有關聯多可貫串。這些常可遇到的人與事，想來會為稍嫌單調的語言學習，添了些文學閱讀的趣味。

　　期望讀者接受把「語言運用」融合到文學中的新嘗試。

　　有心攻陷粵語的新港人朋友通過本書自學，可踏入粵語初識之門；粵語人士也可藉本書進一步掌握粵語四字詞及了解普通話的相應表達。兩方面人士都可經由本書增加對香港世情及人性的了解。

　　祝各位新港人朋友可早日在香港各層面自如使用粵語，真正融入香港生活，翻開人生的新一頁。

目錄

四、人物性格類

五、做事狀態類

六、其他綜合類

附錄

粵語基礎小知識

1. 白話、廣府話、香港話、廣州話和粵語

　　初到香港的朋友，常聽到白話、廣府話、香港話、廣州話和粵語等語言名詞，以為香港語言還能細分出這幾類。

　　實際上白話、廣府話、香港話、廣州話和粵語，只是名稱不同，指的都是香港人日常生活、工作中所使用的交流用語。

　　香港人通常會說：我聽不懂普通話，麻煩你說白話（或：香港話、粵語）吧。指的都是「語言學」中的「廣州話方言區」的語言。

　　「語言學」是一門社會學科，專家、學者對「中國應分成多少個方言區」一直有不同意見，最後達成了分成七個方言區的共識。它們是：北方方言區（北方、四川、雲南、貴州一帶）、吳方言區（上海、浙江、江蘇一帶）、湘方言區（湖南、湖北一帶）、贛方言區（江西北部一帶）、客家話方言區（江西南部及廣東梅州一帶）、閩方言區（福建、台灣、海南及廣東潮汕一帶）、廣州話方言區（廣州、香港、澳門一帶）。學術上把「香港話」歸到「廣州話方言區」名下。

　　每個方言區下，各地域的語言會有細微差異，「香港話」在語音、詞彙上與「廣州話」就略有不同，其詞彙短語尤富特色。

　　廣州話方言區地處南粵，歷史上慣稱那兒的民眾為「粵人」，把「廣州話」稱為「粵語」，香港更普遍慣用「粵語」一詞。

　　本書也依循香港慣例，稱「廣州話」為「粵語」，以方便溝通。

2. 普通話與方言

　　香港話在學術上歸之「廣州話方言區」，但我們仍可從人們語言的語音、用詞上區分他是來自香港還是來自內地。

　　這是由社會歷史、發展和經濟諸因素決定的。

　　有生活經驗的朋友都知道，人雖同屬一省，但彼此卻溝通不了。筆者住過的屋邨有兩名保安員都是福建人，但他們交流時卻使用普通話。原來一位是福州人，另一位是廈門人，他們分屬同一大方言區下的次方言區，操家鄉方言是溝通不了的。

　　可以想像，中國這個十四億人口多民族、多方言的國度，在各領域接洽溝通時若都使用方言，就是「雞同鴨講」。所以必須有一種共同語，

這共同語就是中國的官方語言「普通話」。

「共同語」的概念古而有之。在不同的年代分別稱為雅言、通語、官話、國語。「普通話」是 1955 年推出的概念，其地位被寫進中國憲法，主張「大力推廣」。它也是聯合國使用的六種工作語言之一。

內地傳媒、教育領域，對從業者的普通話水平有一定要求，在 1994 年設立了「普通話水平測試」考核制度。經熱心人努力，香港在 2001 年也設立了語文教師「基準試」制度，教普通話的教師須在一年內通過四份試卷 (聆聽與認辨、拼音、口語、課堂語言運用。同時考獲「普通話水平測試」二等乙級者，可豁免「基準試」的「口語」卷)，方有執教資格。

這是為香港下一代造福的舉措，日後年輕一代不但可在香港盡展風采，也能到內地、世界大展拳腳！

3. 粵語的貢獻

國家語言政策是「推普保方」，從未否定方言。事實上方言不但否定不了，還會隨着生活變化，不斷豐富發展。方言在詞語上的不斷推新，為中華語言詞彙庫添了磚加了瓦，二者是「互補共生」的關係。

內地以武漢方言拍攝的電影《人生大事》、以上海方言拍攝的《愛情神話》，都獲得了重要獎項。2023 年與 2024 年之交，電視劇《繁花》普通話版在內地中央電視台播出，反響熱烈，它就同時拍了滬語方言版開播。這些都從側面體現出國家的語言政策：推普保方。

語言保持多元，是文化最好的狀態。

普通話詞彙不少來自方言特別是粵方言。上世紀 80 年代開放改革後，香港文化隨其經濟北上發展進入了內地，一些影視作品在內地上映，歌曲在內地傳唱，其語言表達、短語俗語也漸被內地民眾傳開使用。

普通話借鏡香港用詞，漸漸出現了一批新詞彙，如：問責、激光、旺舖、作秀 (騷)、豪宅、公屋、打工仔、炒魷魚、跳槽、髮廊、迪士高、靚女靚仔、買單、打的、唱衰、減肥……這些詞起初被視作「不規範」，考核時使用要扣分。但用的人多了，流 行了，也經受時間檢驗了，便進入了權威詞典成為「規範」的了。

食物名稱「蛋撻」最早被一些詞典生硬對應為「小雞蛋烘餅」，老百姓「蛋撻、蛋撻」地叫開，終為這個粵語詞正名，登堂入室成了普通話的規範詞。有些詞是香港特有的事物，非用香港話表達不可，如公屋、居屋、炸兩、煎釀三寶……就可視為在香港流通的「社區詞」，使用時不必勉強從普通話中找一個對應詞去表達。

香港粵語具活力創意，不時推出新詞短語，甚具「北上」力量。如：來自「有冇搞錯呀」的「有沒有搞錯呀」、雞同鴨講、一頭霧水、原汁原味……都可據「望文生義」的規律漸成普通話規範詞。

有的字詞為香港獨有，如四字詞「掂過碌蔗」、「沙塵白霍」和「爆大鑊」、「搞乜嘢」等詞組……字面都看不懂，就難以「北上」了。

4. 粵語成語與熟語四字詞

語言分書面語和口語兩大類，口語是老百姓日常生活用語，種類豐富：成語、諺語、歇後語和熟語……其中的「熟語」多是四字結構，很容易被當成是成語。

網上有許多熱心傳承粵語的人士，不時蒐集粵語四字詞，冠之題目為：粵語成語。

成語來自典籍（指古代圖書），有可查的史料。民間流傳很廣的「掩耳盜鈴」、「守株待兔」、「刻舟求劍」……這些有趣的小故事固出自典籍，即使用字淺白的成語，也是有古籍出處的。如常用的「千軍萬馬」，就出自《梁書·陳慶之傳》中一句：「名師大將莫自牢，千軍萬馬避白袍。」

粵方言區也在使用這些成語。

四字詞則是民間口口相傳的詞組，其結構穩定，意義固定，難以解釋其構詞方式。如：亂七八糟、不男不女、無精打采、沒心沒肺……粵語四字詞也有：霸巷雞乸、大模斯樣、古靈精怪等等。

四字詞在使用時不可隨意改動其成份或字序。「亂七八糟」不可說成「亂五六糟」，「沒心沒肺」也不可說成「沒肝沒心」。

粵語四字詞遵循同樣規則的同時，也具更靈活的一面，如同一詞具多詞義及色彩義（可褒可貶可中性）。

各方言區都有自己的四字詞，有的粵語四字詞可在其他方言區找到意思對應的。如形容人長得黑的「黑古勒特」，北京話（屬北方方言區）就是「黑不溜秋」。有的就難找到完全相應的了，如形容「情況不能更差了」的「衰到貼地」，在北京話裏說「倒霉透了」，色彩上總覺得有濃淡的不同。

成語和四字詞各有特點，使用時都是為了增添語言色彩。它們不沾意識形態，並無高低之分。一般地說，成語較常使用在官方、莊重、學術的場合，例如在課堂上向學生講講成語背後的故事就值得提倡。四字

詞則更常在社會生活口語中使用。

不論哪種語言，在不同的階層和場合，用詞都有雅、俗之分，粵語四字詞也一樣。在官方、教育、某些文化領域，選用的粵語四字詞都較為文雅篤正，這尤須在香港年輕人中提倡學習和使用。

普羅大眾中使用的四字詞，常見生猛粗放，形容負面景況的詞彙更見色彩，其中也有含低俗色情、血腥暴力、歧視偏見的成份，但不應因此而失去被認識和被研究的價值。我們可以選擇不說後者，但起碼要了解其含意，方能知己知彼，溝通順暢。

在香港街心公園見過一名微醺的老伯，粵語四字詞連篇地罵眼前不存在的敵人：「……呢班豬朋狗友，勢兇夾狼。見我單身寡佬，成日喺我面前揗揗揚揚，鬼唔知係想謀我副身家吖？躝屍趷路啦……」那情景讓人不由得駐腳，然後微微笑嘆。

「躝屍趷路」就是一個比較粗俗的粵語四字詞，意即普通話粗話的「滾蛋」。文雅人用粵語說就是：行（粵音 haang4）啦，過主啦；用普通話雅語說就是：走開吧。

細想，氣頭上罵一句「躝屍趷路」或「滾蛋」，不比那些文縐縐的表達更為痛快盡興嗎？再說，個人可以不說「粗鄙」的字詞，但別人讓「躝屍趷路」，也起碼要知道對方說的是甚麼啊。

也因此，本書選釋的粵語四字詞，有部份屬於此類。

5. 李顯龍的一問

內地親人三年級的孫女拿着一幅畫，天真地用粵語自炫：「睇我畫嘅甲古文！」她把普通話同音字「骨」、「古」混淆了。她爸爸插話說：「純牛奶」她用廣州話說就是「蠢牛奶」。

廣州的孩子，說廣州話即俗稱的「粵語」已然如此了嗎？

某日在廣州乘地鐵，筆者有些狼狽地被擠到一扇多站不會開啓的門前面。一名看去十三、四歲、穿着校服的少年默默讓出空位，讓我站得舒服一些。筆者用粵語謝了他，他用普通話答：「不用謝」，筆者便改用普通話和他交談。

孩子看去老實，問一句答一句。問他是放學嗎？他說在寄宿中學讀初二，一星期回家一次。問他會說粵語嗎？他搖搖頭。問學校裏大家說粵語嗎？他又搖搖頭，補充說同學們都能聽，但不說。學校老師用普通話授課，也不說粵語。

筆者說你們將來是要在廣州生活的，不會說粵語怎麼生根立足？孩子堅定地說：不要緊，現在廣州都是外來人口，大家都說普通話，粵語將來慢慢就沒人說了，這種語言就會消失了。

筆者問：這是老師說的嗎？他說是他爸爸說的。他爸爸是福建人，媽媽是潮汕人，二人在廣州工作，他生在廣州，還有個妹妹，家裏平時都說普通話。

那孩子說的情況，在廣州中、小學不是個別現象。孩子父親對粵語消失的論斷，也能代表部份社會人士的想法。對粵語持偏見者雖屬個別，但社會上確有「粵語將消亡」的論調。

老一輩廣州人（多稱廣府人）中使用過的有生活氣息與趣味的粵方言詞、四字詞、歇後語、諺語，正在四、五十歲左右的這代廣州人中漸漸消失，更勿說更年輕的廣州人（包括新廣州人）了。

筆者教書癮上頭，不由得對孩子說：粵語和其他方言一樣，是中華語言文化不可捨棄的一部份。你說的普通話裏的很多詞彙和短語，都是粵語對中華語言大家庭作出的貢獻（說到此筆者改用粵語舉了些例子）。粵語不但不會消失，還應該發展。你爸爸家鄉的福建話和你媽媽家鄉的潮汕話也不會消失，也應該發展。因為老百姓在說，民間在流傳。方言發展了，我們中華語言的園地才會百花齊放。

不久，筆者看到了新加坡前總理李顯龍2023年4月訪問廣州的消息。

新加坡是多種文化共融的國家，許多國民都能操多種語言。李總理的英文、客家話和粵語都說得精到。網上流傳了一個他正在粵語文化活動上用粵語誦唱童謠的視頻：月光光照地堂，年卅晚，摘檳榔……他在活動上感謝新加坡的廣東會館保留了南粵文化。

新加坡政府是尊重並重視粵語的傳承發展的。

為歡迎李顯龍訪穗，廣州市政府特意挑了十二名小學生前往接機。李總理用粵語和孩子們交流時，發現只有一個孩子會說粵語。

李總理訝異問道：現在的小孩都不會說家鄉話嗎？

這一問振聾發聵。

「家鄉」是個神聖的字眼，熱愛祖國往往從熱愛家鄉開始，鄉情鄉音更牽扯着我們的靈與魂。提倡五湖四海說普通話重要，提倡粵語傳承也很重要。這是中華語言文化的重大課題。在粵地民眾心目中，粵語文化是珍貴的傳家寶，發自內心地愛護、珍惜。網上流傳了民眾自發拍攝的許多生動有趣的粵語視頻，那裏寄予了傳承粵語的殷切心意。

近日收到一輯廣州市越秀區某小學的學生唱着粵語童謠《大笨象會

跳舞》做體操的視頻。聽着朗朗童聲唱「馬騮仔會上樹」，不知勾起了多少人親切溫暖的感情。

這是教育領域重視粵語傳承的氣象，值得大聲叫好。

6. 新港人學習粵語的語音難點

香港有許多新移民，他們來自不同的方言區，學習粵語有一定難度，難點是語音和詞彙。

坊間粵語拼音方案有五六套，本書談的是香港粵語，故注音時採用了香港語言學會的粵語注音系統(前香港教育學院中文系編寫的《常用字廣州話讀音表》同此系統)，並參照了香港中文大學《粵語審音配詞字庫》，有的知識點也參考了內地較權威的粵語學者專家饒秉才、歐陽覺亞、周無忌三位先生編著的《廣州話詞典》。

粵字音節也是聲母＋韻母＋聲調拼合而成的。

粵字的聲母(起始的口型)大多對應、近似普通話，但有兩個難音 m 和 ng。它們可以做聲母，如「望」mong6 與「我」ngo5；本身又可以自成音節，如「唔」m4 與「伍」ng5。

粵字有的韻母(收音的口型)也完全可與普通話對應，如「衣」(普 yi1 粵 ji 1)「古」(普 gu3 粵 gu2)發音時口型一致。但粵語韻母有 53 個，比普通話 36 個要多，且保留了普通話和許多方言區已消失了的閉口韻和入聲韻等中古語音元素。這是新港人朋友學習粵語最大的難點。

下面把這些粵音難點韻母列表表示：(表中粵字音含該韻母，可先發準粵音字再倒推韻母讀音，從而學習別的粵音字)

a(呀)	e(姐)	i(衣)	o(柯)	oe(鋸)	eo *無對應字	u(付)	yu(魚)
aam(南)	eu(掉)	im(淹)	oi(來)	oeng(香)	eoi(居)	ut(活)	yut(月)
aap(鴨)	em(舐)	ip(接)	on(安)	oek(腳)	eon(論)	uk(捉)	
aat(八)	eng(鏡)	it(節)	ong(江)		eot(卒)		
aak(白)	ep(夾)	ik(積)	ot(喝)				
ai(閂)	ek(隻)		ok(作)				
au(某)							
am(林)							
ap(急)							
at(不)							
ak(北)							

1. 與普通話發音相同的韻母不列　2. 斜體字表示該韻母較少用到

聲調是語音難點之一。聲調是對音高的感覺記憶，我們未必懂五線譜或簡譜，但可以把一首歌唱下來，憑的就是對音高的感覺記憶。

普通話有 4 個聲調，常以「媽、麻、馬、罵」四字聲調表示。粵語以往分成 9 聲調，近年已有學者簡化成 6 聲調，以「詩、史、試、時、市、事」六粵字聲調表示。原入聲韻的 7、8、9 調「色、錫、食」則納入了 1、3、6 調。初學者可牢記粵音六字的聲調，便可較快掌握粵字聲調了。

筆者編了下面一表，以一個意思連貫的 5 字例句表示粵語的 6 調。幾個同調字連讀下來，就能找到 6 聲調音高的感覺記憶了：

1 聲字（詩）	2 聲字（史）	3 聲字（試）	4 聲字（時）	5 聲字（市）	6 聲字（事）
冬	鬼	阿	紅	美	樹
天	佬	伯	娘	女	葉
吹	睇	去	如	會	遇
北	古	退	媒	買	大
風	董	稅	婆	米	浪

上面提供的學習方法，實用且快捷見效，可助學習者減少學習粵音的困擾。

一、狀態氣氛類

1 櫼頭對腳

香港一直是寸土尺金，在一段時間內樓價瘋漲，許多家庭住房面積緊絀。上世紀四、五十年代常是一家幾口擠住百來二百呎 (約十七、八平方米) 的一房，父母與子女間以布簾相隔，談不上寬鬆與隱私，也不利子女心理成長。

這情況我們在香港四、五十年代的「粵語長片」裏時有見識。

近年對居所狀況、面積的描述，市面上出現了「劏房」、「籠屋」、「納米樓」、「蚊型」等詞語。根據 2021 的報告，全港 20 萬戶「劏房」人均居住面積不到 4.5 平方米。

有人說笑話：還不如赤柱監獄「水飯房」單人囚室呢，那兒好歹也有 8 平方米。(「水飯房」指在獄中鬧事被隔離單獨囚禁的房間，過去只供應清水白飯。此規定在上世紀 80 年代已廢除。)

居住面積如此狹小，描述睡覺狀況便出現了「朝桁 (hong4) 晚拆」、「瞓廳做廳長」、「碌架牀」(雙層牀)、「孖舖」等香港粵語流通詞。

「**櫼頭對腳**」指的是兩個人同睡一牀，頭和腳方向相反。這種睡覺狀態，筆者向五、六個北方朋友請教過，答案五花八門：分頭睡、頭搭腳、頭對腳，打對角、吞腿兒睡……並無一致說法。

粵語方言區卻高度一致：「**櫼頭對腳**」或「**櫼頭倒腳**」。

這情況香港四、五十年代的「粵語長片」裏也常有表現，特別是孩子睡覺時**櫼頭對腳**，許多矛盾、打鬧及由此產生的家庭煩惱與趣事，也源於這種睡覺狀態。

這也是香港中、老年一代的集體回憶。

夫妻也有**櫼頭對腳**睡的喲，原因是嫌對方睡得鬧騰，比如打呼嚕。

「**櫼頭對腳**」現象，至今仍在不少「劏房」、「納米樓」、「蚊型房」裏持續，這是香港之痛。

「**櫼頭對腳**」也可形容物品擺放的狀態。

「櫼」本指「揳子」，它一頭尖一頭粗，「揳子」頭對腳排列就是「**櫼頭對腳**」了。坊間使用時漸成了「**櫼頭倒腳**」，或是「倒」比「腳」更易發音吧。

釋義

指兩個以上的人或物放置時頭尾顛倒，像多個楔子上下契合並排。中性詞。對應普通話可說「頭對腳」。

例句

粵語

(1)
Go2	zan6	uk1	kei2	hou2	sai3	，	fan3	gaau3	si2	ngo5
嗰	陣	屋	企	好	細		瞓	覺	時	我

tung4	ngo5	aa3	mui2	mai6	zau6	hai2	cong4	soeng6	zim1	tau4
同	我	阿	妹	咪	就	喺	牀	上	**機**	**頭**

deoi3	goek3	lo1
對	**腳**	囉 。

(2)
Di1	zeon1	jat1	tau4	daai6	jat1	tau4	sai3	，	zim1	tau4
啲	樽	一	頭	大	一	頭	細		**機**	**頭**

deoi3	goek3	fong3	zi3	zai1	dak1	lok6	go3	zi2	pei4
對	**腳**	放	至	擠	得	落	個	紙	皮

hap2
盒 。

普通話

(1)
Nèi	huìr	jiā	li	hén	xiǎo	.	Shuì	jiào	de	shí
那	會兒	家	裏	很	小	。	睡	覺	的	時
候	，	我	和	妹	妹	就	只	好	在	牀
hou		wǒ	hé	mèi	mei	jiù	zhí	hǎo	zài	chuǎng
上	一	人	睡	一	頭	了	。			
shang	yì	rén	shuì	yì	tóu	le				

(2)
Zhèi	xiē	píng	zi	yì	tóu	dà	yì	tóu	xiǎo	，
這	些	瓶	子	一	頭	大	一	頭	小	
要	頭	對	腳	才	放	得	下	這	個	紙
yào	tóu	duì	jiāo	cái	fàng	de	xià	zhèi	ge	zhǐ
皮	箱	。								
pí	xiāng									

一、狀態氣氛類

2 梅花間竹

　　世間事物只有百花齊放、多元發展才能出彩。在美術創作、文體表演中特別需要有這種思維，這便是常說的「一花獨放不是春，百花齊放才是春」。

　　近年的書籍封面設計思維敏銳，才華橫溢。不論香港內地，都湧現了一批踏進了世界潮流的書籍封面設計師。在網上也可查閱到許多思想前衛、色彩斑斕的封面樣辦。

　　2023 年筆者出過一本散文隨筆集。參與到封面構思時，頗看中一款淺橙、中橙、深橙交替出現的豎條設計，認為既明亮又時尚，非常適合年輕人的口味。在向設計師描述時，卻一時找不到合適的表達，「就是就是……」了半天。倒是對方馬上便領悟了話題，說：「您是說用這幾種顏色*梅花間竹*？」呵呵，筆者怎麼就想不起這個四字詞呢？日常生活中這現象是俯首可拾的呀。

　　學校上體育課，常是一行男生，一行女生「*梅花間竹*」地列隊，方便體育老師管理和調動；文藝演出中也常是各色相間，「*梅花間竹*」地利用色彩變幻出舞台效果；大型的體育團體操中更是常使用「*梅花間竹*」，讓圖形千變萬化，姿彩絢爛。這些視覺盛宴，看得觀眾嘖嘖稱奇，叫好連連。

　　「*梅花間竹*」這個四字詞，在粵語地區也常用來描述兒女序列。比如說家有四孩，正好是男女男女，說起來便是「*梅花間竹*」，字樣語音都像添了福氣與喜氣。

　　這四字詞在粵語地區，一說便人人知曉：紅梅中間隔着綠竹，「望文」也可「生義」，這種色彩的佈局在視覺上是多麼斑斕好看啊。除了說色彩，也可以形容其他的事物交替重複出現。

　　北方描述這種情況，用語通常只說「間隔」、「花搭着」，感覺上比較平實。

　　各方言區都各有自己的四字詞，且各自精彩，不可互代。表現幾種事物交替出現時，粵語四字詞「*梅花間竹*」似更為生動貼切，也更有機會北上成為民眾的口頭語，甚或有朝一日成為規範語。

釋義

在梅花中種竹,指不同的事物相隔着出現。中性詞。對應普通話可說事物、圖形、和顏色「交替出現」。

例句

粵語

(1)
Ngo5 zung1 yi3 ni1 gin6 laam4 baak6 sik1 **mui4 faa1 gaan3**
我　　中　　意　　呢　　件　　藍　　白　　色　**梅　花　間**
zuk1 ge3 wan6 dung6 saam1 ， hou2 tai2 gwo3 zing6 sik1
竹　嘅　　運　　動　　衫　，　好　　睇　　過　　淨　　色
go2 gin6 .
嗰　　件　。

(2)
Can4 taai2 saang1 zo2 loeng5 go3 neoi2 jat1 go3 zai2 ，
陳　　太　　生　　咗　　兩　　個　　女　　一　　個　　仔　，
gam1 ci3 jyu4 gwo2 zoi3 saang1 go3 zai2 ， gam2 zau6
今　　次　　如　　果　　再　　生　　個　　仔　，　咁　　就
hai6 **mui4 faa1 gaan3 zuk1** laa3 .
係　**梅　花　間　竹**　喇　。

普通話

(1)
Wǒ xǐ huan zhèi jiàn lán bái sè jiàn ge de
我　喜　歡　這　件　藍　白　色　間　隔　的
yùn dòng yī ， bǐ yí gè yán sè de hǎo
運　動　衣　，　比　一　個　顏　色　的　好
kàn .
看　。

(2)
Chén tài tai shēng le liǎng ge nǚ ér yí ge
陳　太　太　生　了　兩　個　女　兒　一　個
ér zi ， Zhèi cì rú guǒ zài shēng ge ér
兒　子　。　這　次　如　果　再　生　個　兒
zi ， nà jiù zhèng hǎo shì nǚ nán nǚ nán
子　，　那　就　正　好　是　女　男　女　男
jiàn gé le .
間　隔　了　。

3 屈屈屉屉

　　散文家秦牧先生已仙逝多年，他的散文集《藝海拾貝》仍為散文愛好者喜愛。年輕時習文，這是常翻的書籍。喜歡的是它沒有那個年代常見的口號和八股氣，只就文藝現象、歷史或典故娓娓道來，說些看似尋常、但耐人嚼味的文學藝術和人生道理，尤能予人啟迪。

　　香港的中學教科書也曾選用過秦牧的散文，「秦牧」的名字對香港中年以上的市民來說，算不得陌生。

　　多年前筆者在香港某教育出版社工作。為推廣新版的教科書，公司想請些有名望的嘉賓站台。知道筆者與秦牧先生相識，便委以差事到廣州恭請秦牧先生伉儷訪港，主持有關文學散文的講座。

　　正事做完，自然也要談點家常。已不記得那次聚談有些甚麼人了，只記得談到了住房。有同事說香港房價太貴，許多人住的房間都是**屈屈屉屉**的，也就是八九平方米左右。

　　秦牧先生出言直爽，接話說道：這種面積在內地只能算是儲物室。

　　大家都是明白人，未因秦牧快人快語有任何不快，一笑而過扯起了別的話題。

　　香港住房狹小，人均住房面積不到 15 平方米（「劏房」客更只有 4.5 平方米），是其他亞洲城市新加坡、首爾、台北人均面積 30–35 平方米的一半。

　　正因住房「**屈屉**」，香港人極少邀請朋友、同事到家裏聚會。即使有朋自遠方來，也多只請客人到酒樓餐廳，大魚大肉招呼，算是盡了地主本份。

　　這規矩也真是「一國兩制」，內地人為表誠意，卻愛邀友上門，品茶喝酒，甚至卡拉 OK。

　　早些年有些內地朋友提出要到家裏坐坐，主人家便面有難色：家裏**屈屈屉屉**，有甚麼事還是在茶樓飯店說吧。內地朋友意思是懂了，只是這「**屈屈屉屉**」一詞，還需解釋解釋。

　　「**屈屈屉屉**」也可說成「**屈屉**」。

　　新來港的朋友，千萬別因同事未邀上家作客而不快，香港人有他的難處。

　　形容房間面積特別是住房空間小、狹窄。也可說「屈屋」。坊間也有寫成「屈屈質質」的。貶義詞。對應普通話可說「狹小憋屈」。

例句

粵語

(1) 對唔住，我屋企**屈屈屋屋**，加上細路放假喺屋企，就唔請你哋上去坐喇。

Deoi3 m4 zyu6 , ngo5 uk1 kei2 wat1 wat1 zat1 zat1 , gaa1 seong5 sai3 lou6 fong3 gaa3 hai2 uk1 kei2 , zau6 m4 ceng2 nei5 dei6 soeng5 heoi3 co5 laa3 .

(2) 我斷估唔到呢家咁有國際聲望嘅大公司，香港分公司寫字樓都咁**屈屋**。

Ngo5 dyun3 gu2 m4 dou2 ni1 gaa1 gam3 jau5 gwo3 zai3 sing1 mong6 ge3 daai6 gung1 si1 , Hoeng1 gong2 fan1 gung1 si1 se2 zi6 lau4 dou1 gam3 wat1 zat1 .

普通話

(1) 對不起，我家太狹小了，加上孩子放假在家，就不請你們上去坐了。

Duì bu qǐ , wǒ jiā tài xiá xiǎo le , jiā shang hái zi fàng jià zài jiā , jiù bù qíng nǐ men shàng qu zuò le .

(2) 我實在想不到這家有國際聲望的大公司，香港分公司辦公室都這麼狹小憋屈。

Wǒ shí zài xiǎng bu dào zhèi jiā yǒu guó jì shēng wàng de dà gōng sī , Xiāng gǎng fēn gong sī bàn gōng shì dōu zhè me xiá xiǎo biē qu .

一、狀態氣氛類

4 三尖八角

鋼琴老師阿雯是獨生女，一直住在父母家，轉眼和男朋友光仔談婚論嫁了，便合議買一套自己的房子。他們去過幾個新樓盤看過，總是定不下來。

近日父母家附近有個新樓盤開賣，她和光仔上去參觀，覺得離兩家父母都不遠；設計、價錢也合心意，便動了心思想交個訂金。

光仔提醒：「這麼重大的投資還是要聽聽你父母的意見，你陪媽咪上來一趟看看再交錢吧。」

母女倆一到，中介 Joe 佐伊就迎了上來。他接待過阿雯和光仔，這次便更熱情地帶她們去看阿雯相中的單元。

阿雯媽很精明，一進屋便發現了房間的缺點：「這客廳三**尖八角**，沒有一面牆有一米五，你那鋼琴怎麼放？」

佐伊乖巧地接話：「牆這邊有個窗戶，鋼琴稍為移過去一點就能放得下了。」

阿雯媽瞄了他一眼：「鋼琴放那兒，這扇窗是開還是不開？開嘛怕颱風下雨，不開嘛又怕空氣不流通……」

佐伊又解說道：「Auntie 不用擔心，廚房旁邊不是還有個大窗戶嗎？這扇大窗和小露台對流，還怕空氣不流通嗎？樓盤近地鐵站，價錢公道……說真的，錯失了這機會，怕是『蘇州過後冇……冇……』」

阿雯媽斜眼看着他接話：「冇艇搭！」

回到家，阿雯媽對阿雯爸說：「房子三**尖八角**，中介也長得三**尖八角**！」

佐伊明顯是個中西混血兒，五官棱角分明，到阿雯媽嘴裏便成了「三**尖八角**」的了。阿雯便嘟嚷：「媽咪你不喜歡那房子便算了，別甚麼都三**尖八角**的……」

趁阿雯媽在廚房裏忙碌，阿雯爸悄悄把阿雯拉到一邊說：「傻丫頭，你媽是捨不得你要離家，才故意挑三挑四說氣話呢……」

話沒說完，阿雯媽從廚房出來，大聲問道：「有那個靚（粵 3 聲，表示長得好看）仔的電話嗎？問問他首期是多少——不夠我和你爸有！」

阿雯一把摟住媽媽，嬌嗔道：「這回佐伊不是三**尖八角**，是靚仔了？」

釋義

指物體棱型多，不好利用。也可形容人的長相。貶義詞。對應普通話可說「形狀不規則」；說人長相則可形容為長得「歪瓜裂棗」。

例句

粵語

(1) Nei1 faai3 dei6 ho4 ji5 jung6 ge3 min6 zik1 hou2
呢 塊 地 可 以 用 嘅 面 積 好
sai3 gin3 seng4 gam2 ji5 ging1 m4 ji6 laa3
細 ， 建 成 嘅 已 經 唔 易 喇 。
Ho2 sik1 di1 fong2 dou1 saam1 zim1 baat3 gok3 gaa1
可 惜 啲 房 都 三 尖 八 角 ， 傢
si1 dou1 jiu3 deng6 zou6
俬 都 要 訂 造 。

(2) Lou5 jan4 gaa1 gong2 「 soeng6 jau4 sam1 saang1 」 .
老 人 家 講 「 相 由 心 生 」 。
Keoi5 saang1 dak1 saam1 zim1 baat3 gok3 jat1 tai2 zau6
佢 生 得 三 尖 八 角 ， 一 睇 就
m4 hai6 mat1 je5 hou2 jan4 .
唔 係 乜 嘢 好 人 。

普通話

(1) Zhèi kuài dì néng lì yòng de miàn jī hén
這 塊 地 能 利 用 的 面 積 很
xiǎo néng jiàn chéng zhè yàng yǐ jing hén bù
小 ， 能 建 成 這 樣 已 經 很 不
róng yì le zé Kě xī fáng jiān biān jiǎo dōu
容 易 了 。 可 惜 房 間 邊 角 都
bù guī zé jiā jù děi dìng zuò
不 規 則 ， 家 具 得 訂 造 。

(2) Lǎo rén shuō 「 xiāng yóu xīn shēng 」 . Tā
老 人 說 「 相 由 心 生 」 。 他
zhǎng de guài mú guài yàng de yí kàn jiù
長 得 怪 模 怪 樣 ， 一 看 就
bú shì shén me hǎo rén .
不 是 甚 麼 好 人 。

5 家嘈屋閉

　　早前網上有個視頻節目，回顧了 2018 年震驚全港的「殺妻」事件。

　　嫌兇是香港大學副教授張祺忠，他同時兼任學生宿舍舍監。在師生眼中，張先生溫文爾雅，身材瘦削，難以相信這樣一個教育、學術背景的人，能下得了手和有力氣殺害了結婚三十年的妻子，而且只是用一根電線。

　　據節目報道，內情得從他的家庭說起。據說張太太為人熱心，樂於助人，只是語言和處事都過於強勢，家裏大小事都是由她說了算。

　　又說，夫妻二人在經濟上早有摩擦，妻子在家裏常挖苦、恥罵丈夫。家庭常常**家嘈屋閉**，充滿緊張不安。張先生數年多是啞忍，近年才回嘴反駁。這時他已日漸消瘦，精神萎靡，出現抑鬱症的早期症狀。

　　該節目指出，出事前家裏已接連有數場夫妻、母女、母子間的口角，家裏戰事恍似一觸即發。導火線是晚上睡前張先生為妻子送上橙汁，妻子嫌酸而質詰，說開了便又是舊事重提，對丈夫尖酸刻薄地一頓數落。丈夫本想下牀拿拖鞋一避客廳，不想摸到了一根電線，事情就這樣發生了：一個看似手無縛雞之力的文弱書生，把妻子活活勒斃在卧室牀上。

　　節目說的重點還是張祺忠如何走上了這條不歸路。通過梳理案情，分析了張祺忠的心理，主持人認為是家庭長期**家嘈屋閉**的氛圍導致了他負面情緒積壓，發展成對妻子的不滿怨恨，終於下手。

　　法庭曾判定張祺忠「謀殺」而非「誤殺」罪，判終身監禁。2024 年 2 月，張氏上訴得值，此案發還重審，仍未結案。

　　坊間對張祺忠常有同情聲音，認為是張太語言霸凌令他情緒爆發。但「殺妻」是鐵板釘釘，社會還是該從中去領悟老祖宗傳下的智慧：家和萬事興。長期的**家嘈屋閉**不僅會毀掉一個人的人生，也會毀滅一個本該美好的家庭。

📖 釋義

　　指家裏經常吵鬧，無日安寧。「閉」由粵語詞「巴閉」縮略，在此形容聲音很大。貶義詞。對應普通話可形容為「家裏吵吵鬧鬧」。

✏️ 例句

粵語

(1) Lei5 saang1 Lei5 taai2 tai2 lok6 hou2 wo4 hei3. Dim2 zi1 hai2 uk1 kei2 zau6 si4 soeng4 ngaai3 gaau1, gaa1 cou4 uk1 bai3 gaau2 dou3 gaak3 lei4 leon4 se5 teng1 dou2 zau6 sam1 faan4.
李生李太睇落好和氣。點知喺屋企就時常嗌交，**家嘈屋閉**搞到隔籬鄰舍聽到就心煩。

(2) Uk1 kei2 jan4 jau5 mat1 si6 dou1 hou2, jing1 goi1 gong2 ceot1 lei4 taai2 haa5 dim2 gaau2 dim2. Zeoi3 m4 hou2 hai6 jat1 hoi1 hou2 zau6 daai6 daai6 seng1 hou2 ci5 ngaai3 gaau1 gam2 zing2 dou3 gaa1 cou4 uk1 bai3 diu1 saai3 gaau2.
屋企人有乜事都好，應該講出嚟睇下點搞掂。最唔好係一開口就大大聲好似嗌交噉整到**家嘈屋閉**丟晒架。

普通話

(1) lǐ xiān sheng lǐ tài tai kàn shang qu hěn hé qi. Nǎ zhǐ dao zài jiā li cháng cháng chǎo jià, chǎo chǎo nào nào de, lín jū tīng jiàn dōu xīn fán.
李先生李太太看上去很和氣。哪知道在家裏常常吵架，吵吵鬧鬧的，鄰居聽見都心煩。

(2) Jiā rén yǒu shì, gāi shuō chu lai kàn zěn me jiě jué. Zuì bù hǎo de shì yì zhāng kǒu jiù cū hóu dà sǎng xiàng chǎo jià shì de, chǎo chǎo nào nào diū rén le.
家人有事，該說出來看怎麼解決。最不好的是一張口就粗喉大嗓像吵架似的，吵吵鬧鬧丟人了。

一、狀態氣氛類

6 家空物淨

只要有賭博，社會上就會有賭徒。香港馬照跑，六合彩照開，不顧後果地投放大量金錢甚至全副家產，就是賭徒了。

何況到對面海澳門賭場也就是一張船票的事，香港各種花款的地下賭場星羅棋佈，產生賭徒的土壤豐潤肥厚。不少街頭露宿者，當年身家豐厚，工作體面，就是因賭到**家空物淨**而沉淪至此地步。

在香港生活需要清醒自律，切忌掉進沉迷賭博的泥淖。

筆者就親眼見過一個在賭博中輸掉家產的賭徒。他是筆者八竿子打不着的遠親，姑且稱之堂弟吧。他父親開了家高檔食材舖，從一家平時的排場看，日子曾是親戚中最風光的，他大小也算是個「富二代」。

他是後來上位的二奶的獨子，被寵出一身毛病，最要命的是好打麻將，一打兩三天，不眠不休，吃飯就是用零食可樂對付，賭完便昏睡一兩天。那時賭一天幾千元上落，二十多年前的幾千元，現在怕有一兩萬了。

堂弟不事生意，專事賭博，輸多贏少，沒錢就借，急時甚至去借「大耳窿」（高利貸）的錢。債主上門討債，二老就代還。他有時實在沒有錢路了，就直踩上食材舖翻抽屜。老夥計勸攔還讓他罵了回去。

親戚們常在背後嘆息：這麼賭下去，總有一天賭到**家空物淨**。

幾年之後，這家的景況就被不幸言中，為還堂弟的賭債兩老傾家蕩產，不得不賣房賣舖了。

某天筆者和同事出去吃午飯，那家餐廳一名侍應便是過去在家裏當少奶奶的堂弟太太。她精神恍惚，已認不出筆者。交談時說公公已過身，堂弟出去開的士，一家人住廉租屋。

後來筆者在某的士站見到了堂弟。他拿着一份「馬經」正從的士下來抽煙，他頭髮幾乎全白，身材抽縮變矮，沒了當年富家子的氣概。

他的目光茫然掃過，顯然已認不出筆者。筆者也沒上前相認。相認了說甚麼？說**「家空物淨」**的傷心往事嗎？

••

　　多指家財散盡，已經傾家蕩產，甚麼東西都沒有。貶義詞。對應普通話可說「家徒四壁」。

✐ 例句 ••

粵語

(1)
Keoi5	zoeng1	gaan1	uk1	ngon3	zo2	bei2	ngan4	hong4	，	gaa1
佢	將	間	屋	按	咗	俾	銀	行	，	**家**
hung1	mat6	zeng6	lo2	di1	cin2	heoi3	maai5	gu2	piu3	
空	**物**	**淨**	攞	啲	錢	去	買	股	票	，
git3	gwo2	hai2	gam1	jung4	fung1	bou6	si2	jat1	pou1	cing1
結	果	喺	金	融	風	暴	時	一	鋪	清
saai3										
晒	。									

(2)
Ngo5	sai3	si2	soeng5	gwo3	keoi5	uk1	kei2	.	Go2	zan6
我	細	時	上	過	佢	屋	企	。	嗰	陣
si2	keoi5	uk1	kei2	gaa1	hung1	mat6	zeng6		lin4	din6
時	佢	屋	企	**家**	**空**	**物**	**淨**	，	連	電
si6	gei1	dou1	mou5	.	Dim2	zi1	ji4	gaa1	hai6	daai6
視	機	都	冇	。	點	知	而	家	係	大
fu3	hou4	laa3								
富	豪	喇	。							

普通話

(1)
Tā	bǎ	fáng	zi	àn	gěi	le	yín	háng	，	qīng
他	把	房	子	按	給	了	銀	行	，	傾
jiā	dàng	chǎn	de	ná	qián	qù	mǎi	gǔ	piào	lé
家	蕩	產	的	拿	錢	去	買	股	票	，
jié	guǒ	zài	jīn	róng	fēng	bào	zhōng	shū	lé	ge
結	果	在	金	融	風	暴	中	輸	了	個
qīng	guāng									
清	光	。								

(2)
Wǒ	xiǎo	shí	hou	shàng	guo	tā	jiā	，	nà	
我	小	時	候	上	過	他	家	，	那	
huìr	tā	jiā	tú	sì	bì	，	lián	diàn	shì	jī
會兒	他	家	徒	四	壁	，	連	電	視	機
dōu	méi	yǒu	le	Shéi	zhī	dào	xiàn	zài	tā	chéng
都	沒	有	。	誰	知	道	現	在	他	成
dà	fù	háo	le							
大	富	豪	了	。						

7 嘈喧巴閉

cou4　hyun1　baa1　bai3

「姐妹團」的女朋友們茶敍。

被稱大姐的 Flora 弗洛拉說她一夜無眠。原因是樓下一戶新鄰居，招了一夥人在家裏唱卡拉 OK，從傍晚直到凌晨。常聽到他們大叫「乾杯」、「太好了，繼續！」她曾下樓去按門鈴交涉，不知是故意的還是聽不見，鄰居沒有開門，也沒有收斂停止的跡象。

她只好報知保安員，保安員也遭到同樣回應。

弗洛拉揉着黑眼圈：「這家已經不是第一次這樣嘈喧巴閉了，節假日常是大人吼小孩叫的。」

「報警呀⋯⋯」有人義正詞嚴說道。

「報警太麻煩了，要跟去警署落口供⋯⋯」

「萬一警察來到他停了，人家會說你浪費警力⋯⋯」

一直沒怎麼說話的小美忽然問道：「『*巴閉*』怎麼解？」

她在朋友中年齡最小，在教科書出版社當助理編輯。

大家一時被問住。是啊，多義。粵語形容場面或氣勢大時會說：「他考取的大學全港排行第一，真是*巴閉*！」這時是褒義，意思是說他有本事。有時會說：「你吵得過她？那個女人說話太*巴閉*了。」這時是貶義，形容說話聲音大，氣勢凌人。

小美不滿足，又問：「這個詞是怎麼來的？」

弗洛拉拿手機查開了，叫道：「啊？竟來自印度！」

原來當年印度人到廣東沿海做生意，語言溝通不了時，常仰天發出「*巴閉*」的嘆詞，後為當地人模仿，發展成了今天使用的意思。

有朋友反駁：「我這裏查到說它是出自古漢語⋯⋯」

另一位朋友說：「我這裏說它出自《聖經》⋯⋯」

大家便吵開了。

弗洛拉便埋怨小美：「你一個小助理編輯，用得着這麼*巴閉*去做學問嗎？好不容易大家相聚一場，快讓你搞成學術研討會了。」

小美忙說：「弗洛拉姐，我總有一天要當編輯，要有點知識打底的呀⋯⋯好了，我就不*嘈喧巴閉*了，咱們還是喝茶吧。」

嘈喧巴閉的「喧」發音有點不易，坊間常發成近音「冤」。

香港粵語趣談

釋義

指環境嘈雜喧鬧，人声鼎沸。坊間也有寫成「**嘈冤巴閉**」的。貶義詞。對應普通話可說「吵吵鬧鬧」。

例句

粵語

(1) Tung4同 hok6學 gwaa3掛 zyu6住 gong2講 kam4琴 maan5晚 go2嗰 ceot1齣 din6電 si6視 kek6劇 zaap6集，baan1班 fong2房 **cou4嘈 hyun1喧 baa1巴 bai3閉**。lou5老 si1師 kei5企 zo2咗 soeng5上 gong2講 taan4壇，daai6大 gaa1家 dou1都 m4唔 zi1知。

(2) Jau5有 wu6戶 seng4成 jat6日 **cou4嘈 hyun1喧 baa1巴 bai3閉**、m4唔 gong2講 dou6道 lei5理 ge3嘅 leon4鄰 geoi1居 zan1真 hai6係 haang4行 zo2咗 seoi1衰 wan6運。Jat1一 hai6係 nei5你 zau6就 jan2忍 lok6落 heoi3去，jat1一 hai6係 nei5你 zau6就 bun1搬 zau2走 lo1囉。

普通話

(1) Tóng同 xué學 men們 guāng光 gù顧 zhe着 yì議 lùn論 zuó昨 tiān天 wǎn晚 shang上 nèi那 bu部 diàn電 shì視 lián連 xù續 jù劇，lǎo老 shī師 zhàn站 shang上 le了 jiǎng講 tán壇，jiào教 shì室 li裏 cháo吵 chǎo吵 rǎng嚷 rǎng嚷 de的，dà大 jiā家 dōu都 bù不 zhī知 dào道。

(2) Yǒu有 gè個 chéng成 tiān天 nào鬧 hōng哄 hōng哄、bù不 jiǎng講 dào道 li理 de的 lín鄰 jū居 zhēn真 shì是 dǎo倒 méi霉，Yào要 me麼 nǐ你 jiù就 rěn忍 xia下 qu去，yào要 me麼 nǐ你 jiù就 bān搬 zǒu走。

8 烏哩單刀

「烏哩單刀」是香港市民常掛在嘴邊的四字詞。

筆者在公司上班時，同事去完洗手間，回來好心提醒：「別去第一個廁格，那裏堵了，搞到一地屎尿橫流，**烏哩單刀**。」

老闆收到一份要簽署的文件，很不滿意，緊皺雙眉對秘書說：「這個部門做事怎麼這麼**烏哩單刀**。叫部門經理來見我！」

清潔阿姐不滿住戶扔的垃圾袋口未封，不住嘆氣：「搞到垃圾房**烏哩單刀**。你自己倒垃圾也不方便的啊。」

筆者小時頑劣，趁父母不在家，領着幾個妹妹在家裏大鬧天宮。有一次翻出母親收藏的瓶瓶罐罐，倒出裏面的豆子、豆豉、欖角「煮飯仔」。父母回家，一邊罵：搞到地下**烏哩單刀**……一邊隨手打了筆者屁股幾下。

筆者在回憶童年往事的平台文章中使用了這個詞，當日就收到編輯轉來熱心讀者的帖子，說這詞裏有一個故事。這故事筆者是第一次聽說，長了知識。

話說廣東新會市有個博物館，展出了一把兵器。它是鐵質單邊刀，呈煙葉狀，原有的木柄已風化消失，刀身也已鏽漬斑斑，刀刃缺損。

經文物部門鑑定，這是距今近千年的元代兵器，有史籍記錄為證。

相傳元時駐守新會的是烏哩將軍，常佩一把單刀。他為人殘暴，民憤極大。一次他乘小船到周郡村，船行至江心，船家故意把船弄翻，令身穿沉重盔甲的烏哩連人帶刀直沉江底，也就烏呼哀哉了。

後來這刀被打撈上來，幾經輾轉，如今在新會博物館展出。

「**烏哩單刀**」是個偏正結構的名詞：烏哩的單刀，今天在坊間通用的詞義卻是形容詞，指事物雜亂骯髒，與歷史傳說毫不相干。它是如何漸變成今天釋義的，便需專家學者作周密的研討考證了。

指環境亂七八糟，骯髒污穢；也指事情做得糊裏糊塗，不明不白的。貶義詞。對應普通話可說「一塌糊塗」。

例句 ••

粵語

(1)
Zoeng1 gwun1 ou3 haang1 hau2 jau5 tiu4 gaai1 ， jau5
將　軍　澳　坑　口　有　條　街　，　有
go3 seng4 baak3 zek3 ge3 gaap2 kun4 dou3 cyu3 ngo1 si2
個　成　百　隻　嘅　鴿　群　到　處　屙　屎
ngo1 niu6 ， zing2 dou3 go2 jat1 daai3 **wu1 lei1 daan1**
屙　尿　，　整　到　嗰　一　帶　**烏　哩　單**
dou1
刀　。

(2)
Gung1 si1 ni1 go3 san1 zung2 coi4 jat1 lei4 zau6 sau1
公　司　呢　個　新　總　裁　一　嚟　就　修
ding6 zo2 di1 **wu1 lei1 daan1 dou1** ge3 kwai1 zoeng1 zai3
訂　咗　啲　**烏　哩　單　刀**　嘅　規　章　制
dou6 . Sin1 zi3 jung6 zo2 bun3 nin4 tung4 si6
度　。　先　至　用　咗　半　年　，　同　事
ge3 si6 hei3 zau6 tai4 gou1 zo2 laa3 .
嘅　士　氣　就　提　高　咗　喇　。

普通話

(1)
Jiāng jūn ào kēng kǒu yǒu yǐ tiáo jiē ， yǒu
將　軍　澳　坑　口　有　一　條　街　，　有
ge chéng bǎi zhī de gē qún dào chù lā shǐ
個　成　百　隻　的　鴿　群　到　處　拉　屎
lā niào ， gǎo dào nèi yí dài āng zāng bù
拉　尿　，　搞　到　那　一　帶　骯　髒　不
kān
堪　。

(2)
Gōng sī zhèi ge xīn zǒng cái yǐ lái jiù xiū
公　司　這　個　新　總　裁　一　來　就　修
dìng le nèi xiē luàn qī bā zāo de guī zhāng
訂　了　那　些　亂　七　八　糟　的　規　章
zhì dù de . Shí xíng le cái bàn nián le tóng
制　度　的　。　實　行　了　才　半　年　了　同
shì de shì qì quán dōu tí gāo
事　的　士　氣　全　都　提　高

9 七國咁亂

張先生 Paul 保羅在物流公司做財務。他的小家只有他和太太阿梅兩個人,為省事,下班後二人的晚飯常在外面解決。

有一次公司組織員工「遊船河」(坐船在海上兜風),保羅帶着阿梅參加了。在甲板上和同事邊喝茶邊聊天,保羅感覺到少有的輕鬆。

席中有人說起菜譜,保羅便說自己家裏基本不開伙。是「模範家庭」(「模範」粵音「無飯」)。

同事問原因。

保羅嘻嘻哈哈道:「我老婆甚麼都好,就是做事沒有章法。做個飯就像打仗,搞到廚房**七國咁亂**,回頭還得我收拾⋯⋯」

不料太太阿梅就坐在他身後,聽到這話惱怒了,「嗖」地站起來,回過頭扔下一句:「怎麼才是七國?怎麼不是十國咁亂?!」

保羅有點下不來台,訕笑道:「『**七國咁亂**』這詞可不能隨便改動一個字喲⋯⋯」

「我喜歡!你說我亂,說『十國』好了!不是更亂嗎?」

阿梅滿臉惱怒,說着便「登登」走下船艙。

年輕的同事便向着保羅起哄:「快追下去哄哄呀!」

保羅搖搖頭嘆氣:「不就說個『**七國咁亂**』嗎?至於發那麼大的火嗎⋯⋯」他向大家作揖賠罪:「老婆年輕,任性!掃了大家的興,對不住對不住⋯⋯」轉身下船艙哄老婆去了。

中國歷史上曾經歷戰國時代,距今兩千多年。據史書和史家研究,戰國時代存在了二百五十多年,原有齊、楚、燕、韓、趙、魏、秦七國。它們之間你爭我奪,欲霸天下。國與國之間,一時連橫,一時合縱,一時是友,一時是敵。其時大勢,一個「亂」字便了括。最後由秦國逐一吞併他國,結束了七國混戰亂局。其王便是「秦始王」,是統一中原後中國第一個皇帝。

在粵語中常用「**七國咁亂**」這個四字詞形容現場環境的混亂,有時也說成「亂過七國」。

釋義

該詞演繹自歷史上七國混戰的狀況，多指局面、環境混亂；也引伸指事情程序混亂。貶義詞。對應普通話可說「亂七八糟」。

例句

粵語

(1)
Cin4 min6 jau5 ng5 luk6 gaa3 ce1 lin4 waan4 soeng1
前　面　有　五　六　架　車　連　環　相
zong6 ， jin6 coeng4 hou2 ci5 cat1 gwo3 gam3 lyun6 .
撞　，　現　場　好　似　**七　國　咁　亂**　。
Hou2 coi2 gau3 wu6 ce1 lei4 dak1 faai3 .
好　彩　救　護　車　嚟　得　快　。

(2)
Zi6 cung6 lou5 baan2 beng6 zo2 jap6 zo2 ji1 jyun2 ，
自　從　老　闆　病　咗　入　咗　醫　院　，
gung1 si1 di1 je5 m4 zi1 dim2 zou6 zi3 hou2 ，
公　司　啲　嘢　唔　知　點　做　至　好　，
bou6 mun4 zi1 gaan1 di1 gaau1 zip6 lyun6 gwo3 cat1
部　門　之　間　啲　交　接　**亂　過　七**
gwok3 .
國　。

普通話

(1)
Qián miàn yóu wǔ liù liàng chē lián huán xiāng
前　面　有　五　六　輛　車　連　環　相
zhuàng ， xiàn chǎng luàn zāo zāo de ， xìng kuī
撞　，　現　場　亂　糟　糟　的　，　幸　虧
jiù hù chē lái de kuài .
救　護　車　來　得　快　。

(2)
Zì cóng lǎo bǎn shēng bìng zhù yuàn ， gōng sī ，
自　從　老　闆　生　病　住　院　，　公　司　，
de shì bù zhī dao zěn me bàn cái hǎo yí ge
的　事　不　知　道　怎　麼　辦　才　好　一　個
bù mén zhī jiān de jiāo jiē nà jiào
部　門　之　間　的　交　接　那　叫
luàn na
亂　哪　！

10 一 **闊** 三 大
jat1 fut3 saam1 daai6

保羅比太太阿梅大了七八歲，平時就當她是女兒般寵着，阿梅便不免有點兒孩子氣，也有點兒任性。

他們的房子才四百呎。買樓時遇上樓價瘋漲，月供不太輕鬆。上個月還掉了銀行「按揭」（房貸）的最後一筆貸款，房子算是屬自己的了。阿梅動了心思想換間大的，言談中總說家裏太小轉不開身，又常說同事朋友誰誰換大房子了。

保羅開始時沒當一回事。直到阿梅正式提出換樓要求，保羅才吃了一驚：「剛還掉『按揭』喘過氣來，又要背上新的債務包袱了嗎？」

阿梅胸有成竹地說：「老公，咱們買個二手房，把現在的房子賣了做首期，向銀行借的錢不多。攤開去還，每個月多花不了多少！再說你公司不是看好你嗎？哪天升了職還怕甚麼！」

保羅的公司最近正在裁員，他正提心吊膽的怕裁到自己頭上，怕老婆擔心才沒在家裏提過一個字。這時便埋怨：「我的小祖宗，你說得太輕鬆了。你就沒算算換房要補貼多少額外開支。律師費、裝修費、家具費……要花個幾十上百萬的了。差餉要多交吧，一年下來就是好幾萬。房子大了得請人清潔吧？現在清潔阿姐一小時都收到一百了，還有還有……那是一**闊**三**大**啊。」

他把「一**闊**三**大**」解釋來解釋去。

阿梅是上海人，娘家平時都說上海話，對粵語知道得少。這時便撅嘴鬥氣說：「甚麼一**闊**三**大**？別拿些粵語唬人。乾脆你就說自己沒本事以小換大吧……」說着把門用力一關進了房間，任張先生怎麼說都不開門。

那一晚保羅睡在客廳沙發上，也來了氣：上回為個「七國咁亂」鬧，這回又為個「一**闊**三**大**」鬧。這回老子不哄了，看你能鬧出甚麼名堂！

家裏三天冷戰，誰都不肯先開口說話。

香港粵語趣談

40

釋義

指一項開支增大，會導致其他開支也隨着會增大。據說該詞出自數學，指立方體一條邊加闊，會導致其餘三面增大。中性詞。對應普通話可說開支是「水漲船高」。

例句

粵語

(1) 姑媽叫表哥俾家用，佢一嬲就搬咗出去屋企住。出咗去至知乜乜物物加埋一**闊**三**大**，條數超過俾家用多多聲。

Gu1 maa1 giu3 biu2 go1 bei2 gaa1 jung6, keoi5 jat1 nau1 zau6 bun1 zo2 ceot1 heoi3 uk1 kei2 zyu6. Ceot1 zo2 heoi3 zi3 zi1 mat1 mat1 mat6 mat6 gaa1 maai4 jat1 fut3 saam1 daai6, tiu4 sou3 ciu1 gwo3 bei2 gaa1 jung6 do1 do1 seng1.

(2) 家姐買咗件靚衫，着上身至知要配對啱嘅鞋至好睇。為咗噉又花咗一舊錢去買鞋，直情係一**闊**三**大**。

Gaa1 ze1 maai5 zo2 gin6 leng3 saam1, zoek3 soeng5 san1 zi3 zi1 jiu3 pui3 deoi3 ngaam1 ge3 haai4 zi3 hou2 tai2. Wai6 zo2 gam2 jau6 faa1 zo2 jat1 gau6 cin2 heoi3 maai5 haai4, zik6 cing4 hai6 jat1 fut3 saam1 daai6.

普通話

(1) 姑媽讓表哥交家用。他一生氣就搬了出去，各種錢開支加起加給家用。出去才知道水漲船高，比要給的家用多多了。

Gū mā ràng biāo gē jiāo jiā yòng. tā yǐ shēng qì jiù bān le chū qu, gè zhǒng qián kāi zhī jiā qi jiā gěi jiā yòng. Chū qu cái zhī shuǐ zhǎng chuán gāo, bǐ yào gěi de jiā yòng duō duō le.

(2) 姐姐買了件漂亮衣服，穿上才發現要配雙合適的鞋才好看。結果又花掉了一筆錢去買鞋，簡直是買一賠三。

Jiě jie mǎi le jiàn piào liang yī fu, chuān shang cái fā xiàn yào pèi shuāng hé shì de xié cái hǎo kàn qù. Jié guǒ yòu huā diào le yī bǐ qián péi sān mǎi xié jiǎn zhí shì mǎi yī.

一、狀態氣氛類

11 風頭火勢

　　張家小兩口因為「換房」爭議，冷戰了三天。第四天保羅收到了母親張老太的電話，說做了兒媳婦阿梅愛吃的菜，叫兩口子晚上回家吃飯。

　　保羅猶豫了一下，覺得還是不能慣着妻子的毛病，便獨自回去了。

　　老太太見保羅一個人回來，逼着兒子把事情竹筒倒豆子一五一十說了。

　　老太太聽完覺得好笑：「多大的事啊？你一個大男人還跟小女子慪氣？去！回家去勸勸，讓阿梅再過幾年，你們多攢點錢再提換房的事……老婆嘛，娶回家是用來疼的。阿梅就是有點小孩子脾氣，哄哄就好了。」

　　保羅覺得為難：「事情正在**風頭火勢**上，還是過幾天等她消消氣再說吧。」

　　保羅的爸爸張老先生插了進來：「阿梅是火，你就要當水，水澆火，火就滅……」他朝太太擠擠眼：「想想，你爸我這幾十年是怎麼在**風頭火勢**上滅你媽的火的？好好學學……」

　　張老太太又好氣又好笑地推開他，對兒子說：「正好！我做了阿梅最愛吃的鹽酥雞腿，你拿回去在微波爐上熱熱給她吃。『雞髀打人牙骹軟』（指吃了人家的嘴軟），她一高興就張嘴說話了。」

　　保羅回到家，把鹽酥雞腿放到微波爐裏加熱，正想着怎麼和阿梅開口，阿梅卻從房間衝出來，聳着鼻子到處嗅着：「這是鹽酥雞腿香啊……」

　　阿梅找到微波爐跟前，拍手笑道：「原來香味在這兒！媽咪真是疼我，給我打電話說做了我最愛吃的菜呢！」

　　保羅看着妻子大口大口咬着熱乎乎的雞腿，勸道：「慢點慢點，沒人跟你搶！別燙着了……」

　　阿梅努着嘴招呼他：「你也吃啊，兩個人一起吃才更香呢。」

　　保羅心裏的石頭一下子落了地：**風頭火勢**上的怨結，讓老媽一條雞腿就給解開了。薑還是老的辣啊。

釋義

指事情正在火頭上，風聲緊，情勢緊張。中性詞。對應普通話可說事情「正在風頭上」。

例句

粵語

(1) 匪徒搶劫咗名錶舖，警方出嚟捉人。**風頭火勢**，匪匿埋喺鐵皮屋，唔敢出嚟買嘢食。

Fei2 tou4 coeng2 gip3 zo2 ming4 biu1 pou2，ging2 fong1 ceot1 lei4 zuk1 jan4。Fung1 tou4 fo2 sai3，fei2 nei1 maai4 hai2 tit3 pei4 uk1，m4 gam2 ceot1 lei4 maai5 je5 sik6。

(2) 佢兩公婆嗌霎鬥氣，正係**風頭火勢**，做朋友嘅千祈唔好加把口去幫晒一便。

Keoi5 loeng5 gung1 po2 ngaai3 saap3 dau3 hei3，zing3 hai6 fung1 tou4 fo2 sai3，zou6 pang4 jau5 ge3 cin1 kei4 m4 hou2 gaa1 baa2 hou2 heoi3 bong1 saai3 jat1 bin6。

普通話

(1) 匪徒打劫了名錶店，警方出動了要抓人。火頭上，劫匪躲在了鐵皮屋，不敢出來買吃的。

Fěi tú dǎ jié le míng biǎo diàn，jǐng fāng chū dòng le yào zhuā rén。Huǒ tóu shang，féi duǒ zài le tiě pí wū，bù gǎn chū lai mǎi chī de。

(2) 他們兩口子吵架慪氣正在火頭上，做朋友的千萬別開腔拉偏架。

Tā men liǎng kǒu zi chǎo jià òu qì zhèng zài huǒ tóu shang，zuò péng you de qiān wàn bié kāi qiāng lā piān jià。

一、狀態氣氛類

12 掂過碌蔗

在香港和其他廣州話方言區,「掂」這個詞使用得非常廣泛。它是形容詞,往往用來指事情進展的狀況。

事情完成了,說:搞掂!進行得順利就是「好掂」,非常順利便說「掂過碌蔗」。事情不順利、擺不平或說情況不好就是「唔掂」、「搞唔掂」。

「今次旅行真係瓣瓣都掂」對應普通話說就是「這次旅行哪兒哪兒都順利」。

「佢篇論文唔掂,俾人 foul(發粵 1 聲) 咗」說的是:他的論文不行,讓人給否定了。

「掂」還可以形容生命狀況:「佢老竇今日嘔咗幾次,怕係唔掂喇」是說:「他老爸今天吐了幾次,怕是不行了。」

這個詞後來北上成了「搞定」,被收進界定詞語規範的《現代漢語詞典》中,以「方」的形式出現。就是說,該詞來自方言。

在內地新聞報導中,在電影和電視劇對白中,常可見到「搞定」一詞的使用。普通話沒有「掂」的韻母 im ,使用時演變成了 ing ,成了「定」。

這個四字詞筆者曾在平台一篇文章中用過。有讀者跟帖留言,說該詞在廣東一些地區是說「甜過碌蔗」,形容很甜。「甜」與「掂」在粵語中近音,流傳中很可能把「甜」說成「掂」而演繹成另外一個意思,也造出了另一個四字詞***掂過碌蔗***。

民間很可能兩個詞都在使用,語言本來就依循「約定俗成」使用和發展。用詞的人多了,它就成流通詞了。

四字詞有雅、俗之分,在莊重、正式的場合,宜使用文雅的詞語,形容事情順利可用成語「馬到功成」或「一帆風順」。但在民間特別是基層市民中,平日說話聊天使用***掂過碌蔗***會增添語言的諧趣,活躍了談話的氣氛。

掂，粵語中指事情已經搞穩妥；碌，粵語量詞，「條」的意思。此詞字面義指比甘蔗還要直，引伸指事情進行得平順妥當。褒義詞。對應普通話可說「非常順利」。

例句

粵語

(1) 佢間公司喺疫情時冇生意，睇住就要執笠。而家死過翻生，呢半年直情係**掂過碌蔗**。

（Keoi5 gaan1 gung1 si1 hai2 jik6 cing4 si4 mou5 saang1 ji3, tai2 zyu6 zau6 jiu3 zap1 lap1. Ji4 gaa1 sei2 gwo3 faan1 saang1, ni1 bun3 nin4 zik6 cing4 hai6 dim6 gwo3 luk1 ze3.）

(2) 我個仔攞咗學士學位，想去小學教中文。有間學校面試完就叫佢第二日返工。真係估唔到成件事**掂過碌蔗**。

（Ngo5 go3 zai2 lo2 zo2 hok6 si6 hok6 wai2, soeng2 heoi3 siu2 hok6 gaau3 zung1 man2. Jau5 gaan1 hok6 haau6 min6 si5 jyun4 zau6 giu3 keoi5 dai6 ji6 jat1 faan1 gung1. Zan1 hai6 gu2 m4 dou2 seng4 gin6 si6 dim6 gwo3 luk1 ze3.）

普通話

(1) 他的公司在疫情中沒生意可做，眼看就要倒閉。現在又活過來了，這半年簡直就是又順利又穩妥。

（Tā de gōng sī zài yì qíng zhōng méi shēng yi kě zuò, yǎn kàn jiù yào dǎo bì. Xiàn zài yòu huó guo lái le, zhè bàn nián jiǎn zhí jiù shì yòu shùn lì yòu wěn tuǒ.）

(2) 我兒子拿到學士學位，想去小學教中文。有一所學校面試完就讓他第二天上班。真沒想到整件事這麼順利。

（Wǒ ér zi ná dào xué shì xué wèi, xiǎng dào xiǎo xué jiāo zhōng wén. Yǒu yì suǒ xué xiào miàn shì wán jiù ràng tā dì èr tiān shàng huì. Zhēn méi xiǎng dào zhěng jiàn shì zhè me shùn lì.）

一、狀態氣氛類

13 擺明車馬

香港小學有的中文課本，選編了廉頗、藺相如的故事。

故事說到趙國大臣藺相如升官為上卿，戰功纍纍的老將廉頗不服他的職位高於自己，故意怠慢輕忽他。其實是藺相如護趙有功，特別是在澠（普 miǎn 粵 man5）池之會中有智有勇，為趙國保住了國之尊嚴。

據司馬遷《史記》記載，七國戰亂之時，秦王與趙王於澠池（今河南三門峽市）會晤。酒席中秦王借着酒意令趙王為自己彈奏高雅的樂器瑟，怯懦的趙王不敢不從。秦的史官隨即記下：某年月日，王與趙王會飲，令趙王鼓瑟。

這*擺明車馬*就是表示秦國地位高於趙國，並要在歷史上留下羞辱趙國的記錄。

陪同趙王到澠池的趙國臣子藺相如上前說：「趙王也聽說秦王擅長擊缶，請擊缶互相娛樂吧。」

缶是大肚子小口的瓦甕，擊缶時動作粗放，看去不如鼓瑟文雅。

秦王怒而不肯，藺相如獻上一瓦缶跪下堅請，秦王仍是不肯。相如便說：「大王如不擊缶，本官五步之內就把自己的血濺到大王身上。」

秦王的左右想上前殺掉藺相如，相如怒目圓瞪，把他們嚇了回去。這*擺明車馬*是要針鋒相對，以命相逼。

秦王只好敲了一下瓦缶應付。

藺相如即令趙國史官記下：某年月日，秦王為趙王擊缶。

就這樣，藺相如在緊急關頭，力爭兩國的平等地位，維護了趙國的顏面尊嚴。加上他之前就粉碎了秦國以十五城交換趙國和氏璧的謊言，完璧歸趙有功，故被賜官上卿。

面對廉頗的為難，藺相如顧全大局，以寬宏大度贏取了廉頗的信服。廉頗上門負荊請罪，留下「將相和」的佳話。

此故事特意兩度用了粵方言四字詞「**擺明車馬**」去敍述，相信上文下理通順易解，不會造成閱讀障礙。

車、馬都是古代打仗的用物。此四字詞原說作戰時陣勢擺開，又指下棋時擺好車馬的位置。後演繹成公開自己的意圖，公然、明擺着的意思。此詞的「車」是多音字，要讀粵音 geoi1。中性詞。對應普通話可說「明擺着」。

例句

粵語

(1) Ngo5 gok3 dak1 keoi5 hai6 baai2 ming4 geoi1 maa5 jiu3 jik1 nei5 M4 hai6 dim2 gaai2 go3 go3 jan4 dou1 zi2 dak1 jat1 fan6 lai5 mat6 ji4 nei5 jau5 loeng5 fan6 aa1

我覺得佢係**擺明車馬**要益你。唔係點解個個人都只得一份禮物而你有兩份吖？

(2) Gan6 jat2 ni1 gaan1 gung1 si1 hai2 Hoeng1 gong2 din6 si6 di1 gwong2 gou3 zou6 dak1 hou2 hang4，baai2 ming4 geoi1 maa5 hai6 soeng2 zeon3 jap6 Hoeng1 gong2 si5 coeng4。

近日呢間公司喺香港電視啲廣告做得好行，**擺明車馬**係想進入香港市場。

普通話

(1) Wǒ jué de tā fēn míng shì yào guān zhào nǐ。Yào bu wèi shén me měi gè rén dōu zhǐ yǒu yí fèn lǐ wù ér nǐ yǒu liǎng fèn ne？

我覺得他分明是要關照你。要不為甚麼每個人都只有一份禮物而你有兩份呢？

(2) Zuì jìn zhèi jiā gōng sī zài Xiāng gǎng diàn shì shang měng zuò guǎng gào，háo wú yí wèn shì xiāng yào jìn jūn Xiāng gǎng shì chǎng。

最近這家公司在香港電視上猛做廣告，毫無疑問是想要進軍香港市場。

14 跟紅頂白

　　社會是個汪洋大海，各式各樣的人用自己的姿勢在海浪中沉浮游弋。

　　有一種人無獨立的做人原則，表達意見時也是察言觀色，看風使舵。這些人往往會在社會事務中趨炎附勢，跟足風頭，討好得勢者，這便是「**跟紅**」；然後戲撞、攻擊甚至欺凌失勢衰弱的一方，這便是「**頂白**」。

　　這些現象，在職場，特別是在演藝圈裏常見。

　　早期中、小學校的霸凌現象，也出現「**跟紅頂白**」的形式。有黑社會背景或不良學生，在集體裏建立起自己的勢力去欺凌同學，逼迫一些同學「**跟紅頂白**」。

　　這個意思裏的「跟」和「頂」都作動詞用。「**跟紅頂白**」含貶義。

　　香港早年有一套四十集的電視劇集《跟紅頂白大三元》，意思又有不同，反解釋為因勢利導、趨吉避凶，含褒義，與坊間理解使用的貶義大相徑庭。

　　筆者覺得「**跟紅頂白**」更接近貶義。

　　這個詞在香港還有另一種寫法「**根紅頂白**」，也有另一種釋義，指事物剛開始時勢頭很好，慢慢地卻萎頓了，大不如以前。

　　這意思是聽一位香港老人說的。

　　某天筆者和她一起看電視，劇集中出現了一個角色，由一位半紅不黑的藝員扮演。老人很感慨，說他可是童星出身，出道時很火，這些年卻越混越倒霉，只能演些「二打碌 (六)」(粵語指身份無足輕重，或技藝沒有份量。碌 (六) 發粵音 1 聲)，在影視圈裏混日子。

　　老人說的是他根正，夠紅，但長到後來變白，沒有長勢了。

　　這意思裏的「根」和「頂」都作名詞用。「**根紅頂白**」的意思也是說得通的。

　　「**跟紅頂白**」的兩個含意和「**根紅頂白**」，使用在不同的語言環境中，應該也能達意，不致會混淆。

　　坊間對該詞有多種理解。有指討好得勢方，攻擊失勢方，是一種醜行。寫成「根紅頂白」時，是指事物或人的氣勢漸漸消失。只有少數理解是「趨吉避凶」的意思。更多指貶義。對應普通話可說「趨炎附勢」或「半紅不黑」，很少機會可說成「趨吉避凶」。

✏️ 例句 ●●●

粵語

(1)
Gam1	ci3	ge3	jau1	sau3	zoeng2	m4	hou2	hok6	jau5
今	次	嘅	優	秀	獎	唔	好	學	有

di1	jan4	gam2	gan1	hung4	ding2	baak6	heoi3	tau4	piu3	.
啲	人	噉	**跟**	**紅**	**頂**	**白**	去	投	票	。

Jiu3	teng1	zi3	gei2	noi6	sam1	go2	baa2	seng1	zok3	kyut3
要	聽	自	己	內	心	嗰	把	聲	作	決

ding6	.
定	。

(2)
Ngo5	dei6	jiu3	goi2	bin3	saang1	ji3	hoi1	ci2	si4	hou2
我	哋	要	改	變	生	意	開	始	時	好

hou2	,	sau1	mei1	bin3	seoi1	gan1	hung4	ding2	baak6	.
好	，	收	尾	變	衰	**根**	**紅**	**頂**	**白**	。

cing4	fong3	,	zou6	dou3	hei2	maa5	m4	sit6	.
情	況	，	做	到	起	碼	唔	蝕	。

普通話

(1)
Zhèi	cì	de	yōu	xiù	jiǎng	bú	yào	xué	yì	xiē
這	次	的	優	秀	獎	不	要	學	一	些

rén	qū	yán	fù	shì	suí	fēng	dǎo	.	gāi	tīng
人	趨	炎	附	勢	隨	風	倒	。	該	聽

cóng	nèi	xīn	de	shēng	yīn	zuò	jué	dìng	.	
從	內	心	的	聲	音	作	決	定	。	

(2)
Wǒ	men	yào	gǎi	biàn	shēng	yi	kāi	shǐ	de	shí
我	們	要	改	變	生	意	開	始	的	時

hou	hén	hǎo	,	hòu	lái	màn	màn	jiù	bù	xíng
候	很	好	，	後	來	慢	慢	就	不	行

de	qíng	kuàng	,	zuò	dào	qí	mǎ	bù	kuī	.
的	情	況	，	做	到	起	碼	不	虧	。

一、狀態氣氛類

15 雞毛鴨血

　　2023 年 9 月 7 日深夜，港鐵黃大仙站被大量雨水湧進，大堂、月台、路軌都泡了泥水垃圾，造成積水內澇。

　　公司宣佈了暫時關閉車站清理。幸而港鐵職員團結一心，排成人鏈接力，把一袋袋淤泥垃圾運到地面，只用了一天時間便令車站可以重新開放。想起內澇時那種雜亂不堪、難以收拾、如粵語說的「**雞毛鴨血**」情景，能快速地清潔如前，真是要為奮戰在前線的港鐵職員讚上一個「好」。

　　「**雞毛鴨血**」還可以形容場面混亂或血腥。

　　世界上有的恐怖分子為了擴大影響，不惜搭上自己的生命在現場造成流血和傷亡。在一些節日，在一些人群密集的地方，就不時有爆炸或持刀持槍傷人事件發生，場面必然混亂。各種哭嚷、逃跑、四下血濺的畫面，用「**雞毛鴨血**」形容便十分準確貼切。

　　「**雞毛鴨血**」也能形容情形非常惡劣，糟糕透了。

　　比如說世界各地的地震，現場房屋倒塌，人員傷亡，零下十幾度，災民也只能留在戶外過夜。救援人員趕到之前，場面實在是**雞毛鴨血**。

　　某人好賭，一次過買了十幾萬的足球彩票碰運氣，還言之鑿鑿說請黃大仙占過卦拜過神，這次一定會贏。豈料輸到**雞毛鴨血**，十幾萬打了水漂。

　　北方也有個四字詞「一地雞毛」，形容日常生活中雞毛蒜皮的小事不勝煩擾，生活狀態瑣碎窘迫。紀實小說《一地雞毛》表現凡俗平庸的人生，因為貼近生活，文筆幽默靈動，甚得好評

　　網上有的解釋把「**雞毛鴨血**」對應為普通話「一地雞毛」。筆者認為二詞區別頗大。「**雞毛鴨血**」比「一地雞毛」程度要深，要厲害，甚至可以形容血腥的情形。

形容情況很差，結果很糟。有時也用來形容現場的血腥慘烈程度。貶義詞。對應普通話可說「糟透了」或「非常慘烈」。

例句

粵語

(1)
Loeng5	go3	aa3	baak3	hai2	daan1	san1	suk1	se5	ngaai3
兩	個	阿	伯	喺	單	身	宿	舍	嗌

saap3		zung6	lik1	ceot1	gaau3	zin2	lei4	soeng2	juk1	sau2
霎	，	仲	扐	出	鉸	剪	嚟	想	郁	手

tim1		Hou2	coi2	bou2	ngon1	lei4	hyun3	zi2		sin1
添	。	好	彩	保	安	嚟	勸	止	，	先

zi3	mou5	gaau2	dou3	gai1	mou4	ngaap3	hyut3	zaa3
至	冇	搞	到	**雞**	**毛**	**鴨**	**血**	咋 。

(2)
Keoi5	gau6	si2	dak1	haan4	zau6	gwo3	hoi2	heoi3	dou2	
佢	舊	時	得	閒	就	過	海	去	賭	，

syu1	dou3	gai1	mou4	ngaap3	hyut3	gam2		Lou5	dau3	gwo3
輸	到	**雞**	**毛**	**鴨**	**血**	噉	。	老	竇	過

zo2	san1	keoi5	seng4	go3	saang1	sing3	zo2		mou5	zoi3
咗	身	佢	成	個	生	性	咗	，	冇	再

heoi3	laa3
去	喇 。

普通話

(1)
Liǎng	ge	dà	bó	zài	dān	shēn	sù	shè	chǎo
兩	個	大	伯	在	單	身	宿	舍	吵

jià		hái	ná	chū	le	jiān	dāo	xiǎng	dòng
架	，	還	拿	出	了	剪	刀	想	動

shǒu		Kuī	kuī de	bǎo	ān	lái	quàn	zhǐ		cái
手	。	虧	得	保	安	來	勸	止	，	才

bú	zhì	gǎo	dào	nán	yǐ	shōu	shi
不	致	搞	到	難	以	收	拾 。

(2)
Tā	yǐ	qián	yǒu	kòngr	jiù	qù	hǎi	nèi	biān	dǔ
他	以	前	有	空兒	就	去	海	那	邊	賭

bó		shū	de	yì	tā	hú	tu	zhěng	Tā	lǎo
博	，	輸	得	一	塌	糊	塗 。	整	他	老

bà	zǒu	shì	méi	hòu	yǐ	tā	ge	rén	biàn
爸	走	事	沒	後	以	他	個	人	變

de	dǒng
得	懂

二、行為動作類

扚起心肝

滾水淥腳

捱更抵夜

行行企企

疊埋心水

單單打打

夾手夾腳

雞啄唔斷

吹鬚睩眼

撩是鬥非

手揗腳震

躝屍趷路

一撲一轆

枕住嚟做

滾紅滾綠

1 扚起心肝

　　人的一生說長也長，說短也短。很多人到中年以後，半夜醒來，會驚覺半生過去，卻只是庸庸碌碌，便**扚起心肝**想幹出點事來，也算對得起來這世上走這一趟。

　　楊先生人稱阿楊，某晚醒來之後，便有了創業當老闆的想法。他在大學裏學的是機械，十幾年來在一家建築機械公司打工，替老闆看着一個部門，調派建築機械。無非就是看看哪個工地需要租用哪些器械，手頭上的器械哪些需要維修，哪些需要添置。多年來工作順風順水，在業界內也有些名氣。

　　阿楊正在醞釀交辭職信自行創業，公司的塔式吊車、俗稱「天秤」的，在港島工地出了大事，塌下來的吊臂打中一名工人，令他傷重不治。

　　死者正「仔細老婆嫩」，事情在社會上甚為震動，最後由死因裁判庭宣判事因出在工地的安裝不當。安裝是外判給另一家小公司的，它反訴是機械公司出租的吊車有損毀。訴訟便與阿楊有關了。

　　阿楊事前親自帶手下檢查過這台吊車，確信其性能良好，明白這台吊車不可能出事。兩年來他不時要與公司各種人開會，常在律師行等機構出出入入，草擬各種文書，盡力洗脫責任。

　　擾攘了好久事情終於有了結果：二判公司負全部責任。但兩年多來阿楊耗盡精力，人消瘦了不說，還掉了大把頭髮。太太便心疼地勸他辭職休養。

　　阿楊本想再撐一段時間，最後經不住太太軟磨硬泡，終於**扚起心肝**遞交了辭職信。老闆勸留了他，給了他半年的病假。

　　阿楊調養中把事情的前後琢磨了幾遍，慶幸是虛驚一場，天天把「真是上天保佑」掛在嘴邊。

　　太太調侃：「瞧你那經不住事的樣子，就不是當老闆的料！」

釋義

「扚起」意是提起；「心肝」指想法、心思。此詞指決心去做某事。「扚」字在坊間也用同音字寫作「的起」。褒義詞。對應普通話可說「下定決心」。

例句

粵語

(1) Ni1 呢 tiu4 條 cyun1 村 lou6 路 jat1 一 dou3 到 lok6 落 jyu5 雨 zau6 就 bei2 俾 seoi2 水 zam3 浸。Gam1 今 ci3 次 cyun1 村 man4 民 **dik1 扚 hei2 起 sam1 心 gon1 肝** jiu3 要 din3 墊 gou1 高 faan1 返 go3 個 lou6 路 gei1 基；dang2 等 daai6 大 gaa1 家 jau5 有 tiu4 條 hou2 好 lou6 路 haang4 行。

(2) Gam2 嗽 ge3 嘅 sing4 成 zik1 績 dou1 都 jap6 入 dou2 到 daai6 大 hok6 學 ge2 嘅？Zung6 仲 m4 唔 faan3 快 di1 啲 **dik1 扚 hei2 起 sam1 心 gon1 肝** duk6 讀 faan1 返 go3 個 gou1 高 fan1 分！

普通話

(1) Zhèi 這 tiáo 條 lù 路 yí 一 dào 到 xià 下 yǔ 雨 jiù 就 ràng 讓 shuí 水 gěi 給 yān 淹 le 了。Zhèi 這 cì 次 cūn 村 mín 民 xià 下 le 了 jué 決 xīn 心 yào 要 diàn 墊 gāo 高 lù 路 jī 基，ràng 讓 dà 大 huǒr 夥兒 yǒu 有 tiáo 條 hǎo 好 lù 路 ké 可 zǒu 走。

(2) Zhè 這 yàng 樣 de 的 chéng 成 jì 績 hái 還 néng 能 jìn 進 dà 大 xué 學？Hái 還 bù 不 gǎn 趕 kuài 快 xià 下 dìng 定 jué 決 xīn 心 dú 讀 ge 個 gāo 高 fēn 分 shù 數！

二、行為動作類

附近屋邨有名近 80 歲的老太太過世了，在沙發上看着電視走的。人們開門進去時，她還保持着一種自然優雅的姿勢，嘴角甚至掛着一絲笑容。

老太太的先生早已去世，平時獨居。她性格開朗，行動敏捷，有一個固定的晨運群。

每天一大早老太太就下樓去和群友們打太極，有時也換換花樣跳點改良過的廣場舞。她從不無故缺席晨運，有事有病也會提前打電話去和群友說一聲。

這次老太太兩天不見人，也沒和誰打過招呼，打電話去光聽到鈴響也沒人接。大夥都覺得奇怪，這不像是老太太一貫的作派呀。

議論時大家才想起來，她有一個兒子住在半山，是做金融的，平時很少見到他回家。

老太太倒也想得開，私下跟個別群友說過：「他回家來也就是**滾水淥腳**地看一眼。我也沒甚麼地方要用到他。他太忙了，來了我還趕他走呢，反正現在自理還行。」

群友誰都沒有老太太兒子的電話，最後通知了物業管理處打電話給她兒子。兒子馬上就丟下手上的事回來了，一打開門便見到了上面的情景。群友中有個退休醫生判斷，老太太該是突發心肌梗塞走的。

兒子一進屋就撲到沙發跟前，拉着老太太的手連聲大叫：「媽咪媽咪……」人自然是不會應答的了。兒子哭喊起來，非常傷心，充滿了自責：「媽咪您怎麼說走就走了呢？您真不該每次回來就趕我走，說自己身體好，孝敬您還有的是時間……我實在不該每次都**滾水淥腳**地來，**滾水淥腳**地走，該住下來好好陪陪您喝茶聊天……」

快 50 歲的漢子一把眼淚一把鼻涕地哭訴着，還不住地搥打自己胸膛，在場的人都動容了。

誰都不懷疑他的真心。只是，遲了。

　　「滾水」即開水；「淥」是動詞「燙」的意思。開水燙腳，腳的反應很自然就急促提起。該詞形容人的動作匆忙的樣子。中性詞。對應普通話可說「腳不沾地」。

例句

粵語

(1)
Keoi5 si4 bat1 si2 dou1 wui5 faan1 noi6 dei6 heoi3 taam3
佢　時　不　時　都　會　返　內　地　去　探
haa5 can1 cik1 . Bat1 gwo3 ci3 ci3 dou1 hou2 ci5
下　親　戚　．　不　過　次　次　都　好　似
gwan2 seoi2 luk6 goek3 gam2 , sik6 caan1 faan6 zau6 zau2
滾　水　淥　腳　噉　，　食　餐　飯　就　走
jan4
人　。

(2)
Dak1 haan4 tung4 nei5 co5 dai1 maan6 maan2 king1 laa1 .
得　閒　同　你　坐　低　慢　慢　傾　啦　。
Nei5 seong4 jat3 dou1 gwan2 seoi2 luk6 goek3 gam2 fei1 lei4
你　成　日　都　**滾　水　淥　腳**　噉　飛　嚟
fei1 heoi3 , mou5 si4 dak1 haan4 ge2 !
飛　去　，　冇　時　得　閒　嘅　！

普通話

(1)
Tā bù shí huì shàng nèi dì kàn wàng qīn
他　不　時　會　上　內　地　看　望　親
qi de ké měi cì dōu shì cōng cōng máng máng
戚　，　可　每　次　都　是　匆　匆　忙　忙
de chī dùn fàn jiù zǒu
的　，　吃　頓　飯　就　走　。

(2)
Yǒu kòngr hé nǐ zuò xia lai màn mān liáo de
有　空兒　和　你　坐　下　來　慢　慢　聊　地！
ba . Nǐ chéng tiān dōu jiāo bù zhān dì de
吧　。　你　成　天　都　腳　不　沾　地　地
fēi lái fēi qù , yě méi diǎnr kòng xián
飛　來　飛　去　，　也　沒　點兒　空　閒　！

二、行為動作類

3 捱更抵夜

阿惠從內地嫁到香港二十年，現在小女兒小靜也已經讀中學了。

阿惠一直在家裏操持家務，就靠丈夫阿松在建築工地做散工維持家裏開支。

幾年前阿松在拆房工地上讓石塊砸斷了鎖骨，看病治療花光了家裏的積蓄，還留下了後遺症，包工頭也少來找他開工，家裏經濟就日見緊張了。

一天阿惠遇上了鄰居何嫂，看阿惠長噓短嘆的，何嫂便建議她去找份工作。阿惠說自己才讀到初中，香港話結結巴巴的，不知道能找到甚麼薪優的工作。

何嫂提議：「當護理員去！」

何嫂的親戚在安老院工作，說過因為要**捱更抵夜**，他們老是請不夠人，正等人用，人工也不低呢。

阿松反對，說讓老婆出去工作會讓工友笑話自己沒本事。阿惠鬧了幾天，阿松就是不鬆口。

這天阿松出去了，阿惠不由得對小靜數落起他的大男子主義：「都快吃不上飯了，還死要面子活受罪！」

小靜說：「其實爹哋是怕你出去工作太辛苦。他昨天說你出去要受人管，還要**捱更抵夜**……他是心疼你呢。」

一番話說得阿惠心頭發熱，轉身做了鍋好湯，阿松一到家就給他端上，好言好語又扯開了護理員的話題。

阿松繃着臉說：「我出去打聽了，人家是請值夜班的，你可是一到十點就打呵欠的，受得了嗎？」

阿惠忙說：「調整調整就好了。我以前在內地工廠不也常常值夜班**捱更抵夜**的嗎？」

「以前！」阿松的臉色和緩了一點，「以前你 20 歲……」

阿惠溫柔地說：「嫁你的時候我 20 歲，多年來你一直照顧我，讓我有一副好身板。現在該是由我來照顧你了。」

說着她一拳打到阿松肩上：「瞧我多有勁兒！」

「哎喲哎喲，人家傷還沒全好……」阿松誇張地叫着，對小靜說：「去電腦給你媽印張申請表填上。她的普通話還有點優勢呢。」

　　「捱」和「抵」都指「忍受」、「支撐」；「更」和「夜」都指「夜晚」。此詞指要通宵達旦去做事。貶義詞。對應普通話可說「通宵熬夜」。

✏️ 例句 ●●●

粵語

(1)
Gam1 jung4 gaai3 zou6 ngaai6 gwo3 gu2 piu3 di1 jan4，
金　融　界　做　外　國　股　票　啲　人　，
ging1 soeng4 jiu3 **ngaai4 gaang1 dai2 je6**，gap6 zyu6 Mei5 gwo3
經　常　要　**捱　更　抵　夜**，吸　住　美　國
tung4 Ngau1 zau1 go3 si5，zou6 noi6 zo2 san1 tai2
同　歐　洲　個　市　，做　耐　咗　身　體
dou1 ding2 m4 seon6 laa3。
都　頂　唔　順　喇　。

(2)
Keoi5 dei6 ge3 lou5 mou5 can1 ni1 gei2 jat3 beng6 cing4
佢　哋　嘅　老　母　親　呢　幾　日　病　情
gaa1 cung5，loeng5 go3 neoi2 **ngaai4 gaan1 dai2 je6** tai2
加　重　，兩　個　女　**捱　更　抵　夜**　睇
jyu6 keoi5，jat1 soeng1 ngaan5 dou1 ngaai4 dou3 hung4
住　佢　，一　雙　眼　都　捱　到　紅
saai3。
晒　。

普通話

(1)
Jīn róng jiè zuò wài guó gǔ piào de rén，
金　融　界　做　外　國　股　票　的　人　，
cháng cháng yào tōng xiāo áo yè qù dīng zhù Měi
常　常　要　通　宵　熬　夜　去　盯　住　美
guó hé Ōu zhōu de gǔ shì，zuò jiǔ le
國　和　歐　洲　的　股　市　，做　久　了
shēn tǐ jiù huì chī bu xiāo le。
身　體　就　會　吃　不　消　了　。

(2)
Tā men de láo mǔ qīn zhè jǐ tiān bìng qíng
她　們　的　老　母　親　這　幾　天　病　情
jiā zhòng，liǎng ge nǚ ér zhěng siù bú tōng
加　重　，兩　個　女　兒　整　宿　不　通
de zhào kàn tā，shuāng yǎn áo de hóng
地　照　看　她　，雙　眼　熬　得　紅
hóng
紅

4 行行企企

阿敏在一家教科書出版社從 18 歲做到 48 歲，一直做辦公室初級文員。早年負責在各部門間傳遞文書，複印文件。電子辦公用具進入公司後，阿敏就只負責複印量大的文件，有時要在接待處代職。時間多了，本來就有點兒好管閒事的她，更有了時間和心情去管別人的事了。

因為是公司老員工，和同事說話時不經意就露出了老臣子的派頭。老闆退休，少爺上位，也一口一個「敏姐敏姐」的很是尊重。

公司來了一個新同事 Gemma 姬瑪，人長得漂亮，衣着也講究，神氣中還帶點兒冷傲。

姬瑪來的那天，正好是阿敏在接待處代班。她向阿敏說了聲「來報到」就徑直踏進公司。阿敏不高興地叫住她，心想這小女子架子也太大了，報到該由接待處打電話通知人事部來領人哪。

阿敏正拿起電話，姬瑪就說認得人事部怎麼走，一甩長髮就「得得」地踩着高跟鞋進去了。

阿敏只好鼓腮生氣。

第二天阿敏放了大假，半個月後十點上班時，進門就見到姬瑪在走廊**行行企企**。她的氣不打一處來，開口就說：「辦公室可是九點就開工的，姬瑪你怎麼還在**行行企企**？」

不等姬瑪回話，阿敏就學她來報到那天那樣，轉身就走。那一刻只恨自己沒長一頭長髮，不能甩出極致的不滿。

到了行政部和同事一說，同事瞪大了眼：「她是人事部經理，來就是**行行企企**盯着人做事的呀。你不知道她是老闆的女朋友？是將來的老闆娘？」

阿敏生怕讓炒魷魚，腸子都悔青了。等了兩天沉不住氣了，到人事部找姬瑪想當面賠罪。一進去姬瑪就把她堵了回去：「我知道你是公司的老員工，說的話是為了公司好。那事就別再提了。」

阿敏這才鬆出一口氣，逢人便說姬瑪為人大度。

釋義

「行」是「走」;「企」是「站」。這是個複合動詞，表示「沒甚麼事做」或指「懶散悠閒」的狀態。貶義詞。對應普通話可說，「遊手好閒」。

例句

粵語

(1) 細佬去做嗰間大公司，佢個位其實係多餘嘅。佢話唔成日就係**行行企企**，學唔到嘢，卒之炒咗公司魷魚。

(2) 你唔啱去搵份兼職做住先，再騎牛搵馬。搵番幾個濕碎錢都好過喺屋企**行行企企**吖。

普通話

(1) 弟弟去做的那家大公司，他說職位其實是個閒職。成天，沒事可自己，學不到甚麼，辭了職。

(2) 你不如先找份兼職工作，再騎驢找馬。掙幾個零花錢也比你在家無所事事好嘛。

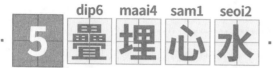
劉家家境殷實，兩口子只有一個兒子光仔，自小就對他管束得很嚴。從讀書到生活，事無巨細，兩口子都關懷備至，常常指導他該做哪樣不該做哪樣。

劉先生為人沉靜，劉太太外向話多，常向兒子陳述自己方方面面的體驗，覺得那些生活經驗教訓，就像教科書般不需置疑。

光仔讀書很順利，大學在香港讀的是英國文學，後來到英國拿了個哲學博士。回香港找了份教書職業，生活安定體面。

親朋都誇劉家育兒有方，對此劉太太也一直心存自豪。

劉太太從一家育嬰機構退休之後，就更是**疊埋心水**只想把家庭、特別是光仔照料好。

光仔性格像父親，從不去頂撞母親。但天長日久的，光仔終於覺得母親滔滔不絕表述的那些人生經驗，影響了自己潛心做學問。

一天吃晚飯時，光仔委婉地提出搬出去租房住。

劉太太頓時呆住：「你是會收拾還是會做飯？多少年來都是我們照顧你的呀。我現在不上班沒甚麼事好做，就想着照料好你和你爸。在家你甚麼都不用操心，你就該**疊埋心水**教你的書，將來談個女朋友結婚生子，像我和你爸那樣白頭到老……哦，記住！找老婆可是要賢惠第一……」

光仔教的課正好提到英國作家毛姆(代表作《月亮與六便士》)，他有一段話特別擊中他的心，一開口竟整段背了下來：「年長者最大的修養，就是控制住批評年輕人的慾望。人類之所以進步，主要原因是下一代不聽上一代的話……」

劉太太又吃驚又委屈：「看，教訓媽咪還出口成章的！」

光仔忙堆下笑容解釋：「這是毛姆說的。」

「這個姓毛的是誰？」劉太一邊問一邊在心裏對毛姆咬牙切齒：一定是他把兒子教壞的，竟挑唆他**疊埋心水**搬出去住！

「疊埋」指收攏全部；「心水」指心裏的想法。此詞指專心致志，也有「下決心」之意。和「抝起心肝」比，前者更強調「專心」，「抝起心肝」則強調「下決心」。褒義詞。對應普通話可說「一心一意」。

例句

粵語

(1)
你 就 唔 好 諗 埋 晒 做 網 紅 、
Nei5 zau3 m4 hou2 nam2 maai4 saai3 zou6 mong5 hung4

拍 電 影 嘅 啲 嘢 喇 ， 中 學 生
paak3 din6 jing2 go2 di1 je5 laa3 zung1 hok6 saang1

疊 埋 心 水 先 將 書 讀 好 至 係
dip6 maai4 sam1 seoi2 xin1 zoeng1 syu1 duk6 hou2 zi3 hai6

正 路 。
zing3 lou6

(2)
而 家 股 市 樓 市 都 唔 係 咁
Ji4 gaa1 gu2 si5 lau4 si5 dou1 m4 hai6 gam3

好 。 真 係 望 出 台 多 啲 政
hou2 Zan1 hai6 mong6 ceot1 toi4 do1 di1 zing3

策 ， **疊 埋 心 水** 將 經 濟 谷 上
caak3 dip6 maai4 sam1 seoi2 zoeng1 ging1 zai3 guk1 soeng5

去 。
heoi3

普通話

(1)
你 就 別 想 着 當 網 紅 、 拍 電
Nǐ jiù bié xiǎng zhe dāng wǎng hóng pāi diàn

影 那 些 事 了 ， 中 學 生 一 門
yīng nèi xiē shì le zhōng xué shēng yì mén

心 思 把 書 讀 好 才 是 正 道 。
xīn si bǎ shū dú hǎo cái shì zhèng dào

(2)
現 在 股 市 樓 市 都 不 太 好 ，
Xiàn zài gǔ shì lóu shì dōu bú tài hǎo

真 希 望 多 出 台 一 些 政 策 ，
zhēn xī wàng duō chū tái yì xiē zhèng cè

專 心 致 志 把 經 濟 頂 上 去 。
zhuān xīn zhì zhì bǎ jīng jì dǐng shàng qu

6 單單打打

大姐弗洛拉出嫁後，一時還買不起房子，暫時住在公婆家。

公婆家只有一廳兩房，丈夫和小姑子阿秋原來睡雙層牀的上下鋪。弗洛拉嫁進去後，正讀大學的小姑子就要搬出來睡客廳的沙發。

開始還好，日子長了阿秋便免不了有些怨言。那些話也不好對着新嫂子說，有一次看只有哥哥在家，阿秋便有心對哥哥**單單打打**。

「沒本事就別學人家結婚嘛……」

「我將來結婚，一定和男朋友先湊錢買房子……」

「有沒有想過人家睡沙發的滋味？要不你來睡兩天試試……」

哥哥是個老實人，只會憋紅臉生悶氣。倒是公婆明事理，喝住阿秋：「阿哥又沒說永遠住在家裏！一家人暫時忍讓一下不行嗎？你那張嘴喲……」

弗洛拉後來知道了那些話，心裏很不好受。回娘家一說妹妹也替她和姐夫難受，慫恿說：「你也回她幾句呀，你在家的時候不也成天對我**單單打打**嗎？」

弗洛拉便叫了起來：「我後來不是改了嗎？『**單打**』你你不好受，『**單打**』她她就好受了？」

弗洛拉媽便鼓勵大姐回去和小姑子好好溝通，還說該向人家道個歉，因為給人家造成不便了嘛。

弗洛拉回去和阿秋約了個時間到外面吃飯。吃飯時大姐按媽咪教的，先向阿秋說了聲「對不起」，又說她和阿哥已經分別找了份兼職，再過一年就能湊夠買房子的首期了。

弗洛拉對阿秋說：「好妹妹你就再委屈一年吧。」

這下子輪到阿秋不好意思了：「說『對不住』的該是我。我不該對阿哥說那些**單單打打**的話的。那幾天我正在考試，精神緊張才胡言亂語的。那些話阿嫂千萬別往心裏去。」

於是一家人化干戈為玉帛，相安和悅。

弗洛拉待阿秋如同親生妹妹，二人成了可以互吐心事的好朋友。

　　指說話話中有話，語帶譏諷。也可說成「單打」。貶義詞。對應普通話可說「冷言冷語」。

✏️ 例句 ●●

粵語

(1)

Daai1	gaa1	dou1	gam3	do1	nin4	lou5	jau5	la3	，	jau5
大	家	都	咁	多	年	老	友	喇	，	有
mat1	je5	mai6	ham6	baang6	laang6	gong2	ceot1	lei4	lo1	，
乜	嘢	咪	冚	唪	呤	講	出	嚟	囉	，
m4	hou2	**daan1**	**daan1**	**daa2**	**daa2**	.				
唔	好	**單**	**單**	**打**	**打**	。				

(2)

Aa3	neoi2	ngaam1	bat1	jip3	zou6	je5	go2	zan2	，	si4
阿	女	啱	畢	業	做	嘢	嗰	陣	，	時
seong4	bei2	jat1	di1	tung4	si6	**daan1**	**daan1**	**daa2**	**daa2**	.
常	俾	一	啲	同	事	**單**	**單**	**打**	**打**	。
Sau1	mei1	keoi5	deoi3	san1	tung4	si6	dak6	bit6	hou2	，
收	尾	佢	對	新	同	事	特	別	好	，
waa6	zi6	gei2	zi1	bei2	jan4	**daan1**	**daa2**	ge3	zi1	mei6
話	自	己	知	俾	人	**單**	**打**	嘅	滋	味
hou2	ngok3	ding2	.							
好	惡	頂	。							

普通話

(1)

Dà	jiā	dōu	shì	duō	nián	de	lǎo	péng	you
大	家	都	是	多	年	的	老	朋	友
le	，	yǒu	shén	me	jiù	quán	dōu	shuō	chu
了	，	有	甚	麼	就	全	都	說	出
lai	，	bú	yào	zhǐ	sāng	mà	huái	.	
來	，	不	要	指	桑	罵	槐	。	

(2)

Nǚ	ér	gāng	bì	yè	gōng	zuò	shí	，	cháng	yù
女	兒	剛	畢	業	工	作	時	，	常	遇
shang	yǒu	de	tóng	shì	duì	tā	lěng	yán	léng	
上	有	的	同	事	對	她	冷	言	冷	
yǔ	。	Hòu	lái	tā	duì	xīn	tóng	shì	tè	bié
語	。	後	來	她	對	新	同	事	特	別
hǎo	，	shuō	zì	jǐ	zhī	dao	ràng	rén	jī	fěng
好	，	說	自	己	知	道	讓	人	譏	諷
de	zī	wèi	bù	hǎo	shòu	.				
的	滋	味	不	好	受	。				

二、行為動作類

7 夾手夾腳

蜀生從四川成都到香港讀碩士，畢業後留在香港工作。

蜀生爸爸喜歡香港的電影和歌曲，蜀生自小便對香港文化特別是粵語感興趣。只是他在香港呆了兩年，香港同學想練習普通話，很少和他說粵語，蜀生也就只會說幾句簡單的。

找工作時，蜀生在學校的就業輔導組認識了一位冼老師，他建議蜀生從了解香港經貿的基本運作做起，熱心地向他推薦了一家做綜合貿易的中型公司。

公司屬家族經營那一類，公司總裁 Michael 米高的岳父沈伯是公司的顧問，早年做生意在成都呆過幾年，對蜀生很親切，午飯時不時把蜀生約到一起說幾句四川話，蜀生也趁機向他說幾句粵語。

這天公司要騰出一間雜物房來做辦公室。沈伯特意找到蜀生，指着房間的雜物說：「你登記一下看有甚麼東西。下午我們**夾手夾腳**，今天一定能搞定！」

蜀生正拿着文件夾夾住幾份登記表，想「夾」不是要把東西固定嗎？**「夾手夾腳」**還怎麼幹活呢？

午飯的時候沈伯請蜀生喝茶，聽蜀生說到他的疑問大笑起來，說「夾住」字面雖同**「夾手夾腳」**，卻是另一個讀音。**「夾手夾腳」**意思是把手腳湊在一起，齊心協力去幹事。

「你不也和同事夾過錢去吃大餐嗎？那『夾』字就有『湊』的意思。」

蜀生佩服沈伯說：「哦，明白了。沈伯你不去教書真是浪費了。」

沈伯一笑：「我以前就是教書的呀，後來才到公司幫忙的。」

「怪不得！你幾句話就讓我明白了『**夾手夾腳**』的意思……」

「行了，別擦我的鞋了……蝦餃來了，趁熱吃！下午還要幹活呢。」

蜀生學着沈伯的口氣說：「我們**夾手夾腳**，今天一定能搞定！」

「你小子聰明！有女朋友嗎？我以前有幾個女學生還沒結婚呢……」

蜀生臉一紅，忙把話岔開：「快！**夾手夾腳**把這一桌子點心全幹掉！」

他不好意思告訴沈伯他在成都是有女朋友的，她叫麗渝。

指齊心協力，共同配合。褒義詞。對應普通話可說「全力合作」。

例句

粵語

(1) Gaa3 ce1 hai2 ni1 go3 ce1 zaam6 zi2 hai6 ting2 saam1
架 車 喺 呢 個 車 站 只 係 停 三
fan1 zung1 。 Dang2 haa3 ce1 maai4 zaam6 ， m4 goi1
分 鐘 。 等 下 車 埋 站 ， 唔 該
daai6 gaa1 dung6 zok3 faai3 di1 ， **gaap3 sau2 gaap3 goek3**
大 家 動 作 快 啲 ， **夾 手 夾 腳**
zoeng1 di1 hang4 lei5 bun1 soeng5 heoi3 。
將 啲 行 李 搬 上 去 。

(2) Ngo5 dei6 tyun4 deoi2 hou2 hap6 zok3 ， jau5 je5 gon2
我 哋 團 隊 好 合 作 ， 有 嘢 趕
daai6 gaa1 zau6 **gaap3 sau2 gaap3 goek3** heoi3 jyun4 sing4 ，
大 家 就 **夾 手 夾 腳** 去 完 成 ，
m4 fan1 mat1 je5 soeng6 si1 haa6 suk3 gaa3 laa3 。
唔 分 乜 嘢 上 司 下 屬 㗎 喇 。

普通話

(1) Liè chē zài zhèi ge zhàn zhǐ tíng sān fēn
列 車 在 這 個 站 只 停 三 分
zhōng 。 Děng yí xià chē jìn zhàn ， yǒu láo
鐘 。 等 一 下 車 進 站 ， 有 勞
dà jiā dòng zuò kuài diǎnr ， hù xiāng pèi hé
大 家 動 作 快 點兒 ， 互 相 配 合
bǎ xíng li bān shang qu 。
把 行 李 搬 上 去 。

(2) Wǒ men tuán duì hěn hé zuò 。 Yǒu shén me
我 們 團 隊 很 合 作 。 有 甚 麼
shì yào gǎn ， dà jiā jiù qí xīn xié lì
事 要 趕 ， 大 家 就 齊 心 協 力
pèi hé zhe wán chéng ， bù fēn shén me shàng
配 合 着 完 成 ， 不 分 甚 麼 上
jí xià jí de le 。
級 下 級 的 了 。

8 雞啄唔斷

　　很多人都喜歡到電影院看電影。比起上網看，電影院放映電影的所有藝術元素都會表現得更豐滿。

　　觀眾購票時喜歡挑旁邊沒人或與其他人有些距離的座位，希望可獨自安靜地完成一場視聽覺配合的完美享受。但很可惜總有些時候會遇上些不懂規則的人，他們或是與朋友竊竊私語，或是進進出出，或是自言自語地「解畫」（解說劇情），或是發出聲聲評語……恍似電影院只是他們的天下。

　　最煩擾的是有的人到影院並未專心欣賞電影，只是為了聊天。他們幾乎全場不停嘴，**雞啄唔斷**地交談。

　　有一次筆者去看電影《梅艷芳》，前面兩排的座位不斷發出了小聲的說話聲。前後座位的觀眾席已有人發出過幾次「噓」的提示，那噪音被警告後暫時低了下去。不一會又響了起來，別的觀眾不滿的聲音也大了起來。然而兩人交談的聲音未就此消失，甚至比先前的更放肆，帶一點報復和挑釁的味道。

　　後面有一名觀眾終於受不了了，大聲呵斥道：「有甚麼話回家去說吧！跑這兒來『**雞啄唔斷**』地嘈吵。阿媽沒教過你要守規矩嗎？」

　　聽聲音是位火氣大的老伯。

　　前排那兩個人也不是吃素的，反駁說：「我阿媽教沒教過我關你屁事啊？死老鬼！」

　　聽聲音是兩個不好惹的小姐姐。

　　擾攘半天，最後是電影院工作人員介入，好言相勸一番才算安靜下來。可是嘈吵時觀眾已受到嚴重干擾，那期間的電影畫面已一晃而過，腦中沒甚麼記憶了。

　　許多觀眾想必心裏也是悻悻然。

　　散場時老伯和那兩名女子怒目相向。

　　說實話，筆者心裏是挺那位老伯的，因為筆者也是「**雞啄唔斷**」噪音的受害者。更何況這噪音還發生在電影院，該是最安靜的時間和空間。

　　《梅艷芳》在記憶中有一段空白，不完整了。

釋義

　　東西細長，雞也啄不斷。形容不停地說話。中性詞。對應普通話可說「沒完沒了」。

例句

粵語

(1)
Soeng5	tong4	go2	zan2	keoi5	dei6	bun3	tong4	fo3	dou1	hai2
上	堂	嗰	陣	佢	哋	半	堂	課	都	喺

dou6	gai1	doeng1	m4	tyun5	gam2	king1	gai2		gwaai2	m4
度	**雞**	**啄**	**唔**	**斷**	噉	傾	偈	，	怪	唔

dak1	leong5	go3	haau2	si3	dou1	m4	kap6	gaak3	laa1	
得	兩	個	考	試	都	唔	及	格	啦	。

(2)
Gei2	go3	gu1	ze1	gei2	nin4	mou5	gin3		jat1	gin3
幾	個	姑	姐	幾	年	冇	見	，	一	見

min6	zau6	laai1	zyu6	sau2	gai1	doeng1	m4	tyun5	gam2	man6
面	就	拉	住	手	**雞**	**啄**	**唔**	**斷**	噉	問

hei2	uk1	kei2	gok3	jan4	gan6	fong3				
起	屋	企	各	人	近	況	。			

普通話

(1)
Shàng	kè	nèi	huǐr	tā	men	yǒu	bàn	jié	kè	dōu
上	課	那	會兒	他	們	有	半	節	課	都

zài	méi	wán	méi	liǎo	de	liáo	tiān		guài	bu
在	沒	完	沒	了	地	聊	天	，	怪	不

dé	liǎng	gè	kǎo	shì	dōu	bù	jí	gé		
得	兩	個	考	試	都	不	及	格	。	

(2)
Jǐ	ge	gū	gu	jǐ	nián	méi	jiàn		yí	jiàn
幾	個	姑	姑	幾	年	沒	見	，	一	見

miàn	jiù	lā	zhe	shǒu	tāo	tāo	bù	jué	de	wèn
面	就	拉	着	手	滔	滔	不	絕	地	問

qǐ	jiā	zhōng	gè	rén	de	jìn	kuàng			
起	家	中	各	人	的	近	況	。		

9 吹鬚睩眼

距今一千八百多年前，民間爆發了「黃巾起義」，各地官員紛紛招兵買馬鎮壓，也乘機擴充自己的地域勢力。一時群雄並起，你爭我奪，最後形成魏（曹操）、蜀（劉備）、吳（孫權）三國鼎立。為坐霸天下，三支勢力在中國合寫了百多年波瀾壯闊的歷史篇章。

劉備一方，由結拜的三兄弟為主力，劉備為大哥，關羽、張飛分列二、三，二人對劉備忠心耿耿。

張飛本是屠戶家庭出身，耿直魯莽，路見不平事或怒火中燒時，便是一聲吼叫，**吹鬚睩眼**。在章回小說《三國演義》中，文學形象的張飛每當出場，常是這副神氣。

話說劉備拉起隊伍後，殲剿「黃巾」有功，朝廷本該封他一個朝中大官。無奈朝廷壞人「十常侍」當道，最後只當了縣尉（縣治安官）。

這天上頭派來了督郵檢查下屬政績，故意刁難查問劉備出身，得知是中山靖王之後，便污辱劉備冒充帝家後代，喝令他退下。

後有人告知，督郵發怒是因為劉備沒奉上錢財「孝敬」。

劉備一是兩袖清風，二也不屑賄賂之事，只能長嘆一聲，於是被督郵冷落了幾天。

張飛見哥哥受辱，心裏不快，出去喝了幾杯悶酒。回來見幾個老人跪在縣衙門前，一問方知是督郵要百姓誣告劉備，百姓不從，督郵便要問罪鞭笞。

張飛一聽，心中怒火更是火上澆油，他**吹鬚睩眼**道：「甚麼狗官！」衝進去就把督郵抓了出來，綁在門口一棵柳樹上，扯下柳條就左右抽打，柳條被打斷了幾根，督郵痛得連聲討饒。

最後三兄弟決心不受這窩囊氣，把縣衙印掛在督郵脖子上，辭官而去，另覓可以効力的主人。

這便是《三國演義》第二回中張飛「怒鞭督郵」的故事。想起張飛**吹鬚睩眼**教訓督郵的畫面，看官們想必也心中大爽呢。百姓對貪官污吏的憎惡，古今同心。

釋義

「睩」是「滾動」之意。此詞形容男子生氣時的模樣。貶義詞。對應普通話可說「吹鬍子瞪眼」。

例句

粵語

(1)
Nei5	saam1	go1	ging1	soeng4	ceoi1	sou1	luk1	ngaan5	,	daan6
你	三	哥	經	常	**吹**	**鬚**	**睩**	**眼**	，	但
jau6	si4	si4	heoi3	ngon1	lou5	jyun2	zou6	ji6	gung1	,
又	時	時	去	安	老	院	做	義	工	，
zau6	zi1	keoi5	kei4	sat6	sam1	dei2	gei2	hou2	.	
就	知	佢	其	實	心	地	幾	好	。	

(2)
Zou6	saang1	ji3	jyu6	soeng5	mat1	si6	dou1	hou2	,	m4
做	生	意	遇	上	乜	事	都	好	，	唔
hou2	juk1	di1	zau6	tung4	jan4	ceoi1	sou1	luk1	ngaan5	,
好	郁	啲	就	同	人	**吹**	**鬚**	**睩**	**眼**	，
daai6	gaa1	mai6	m4	dim6	king1	dou3	dim6	lo1	.	
大	家	咪	唔	掂	傾	到	掂	囉	。	

普通話

(1)
Nǐ	sān	gē	jīng	cháng	chuī	hú	zi	dèng	yǎn
你	三	哥	經	常	吹	鬍	子	瞪	眼
de	,	kě	yòu	cháng	qù	ān	lǎo	yuàn	zuò	zhì
的	，	可	又	常	去	安	老	院	做	志
yuàn	fú	wù	zhě	,	jiù	zhī	dao	tā	qí	shí
願	服	務	者	，	就	知	道	他	其	實
xīn	yǎnr	tǐng	hǎo	de	.					
心	眼兒	挺	好	的	。					

(2)
Shēng	yi	shàng	pèng	shang	shén	me	shì	,	bié	dòng
生	意	上	碰	上	甚	麼	事	，	別	動
bu	dòng	jiù	gēn	rén	bu	chuī	hú	zi	dèng	
不	動	就	跟	人	不	吹	鬍	子	瞪	
yǎn	,	Tán	tán	wéi	lǒng	jiù	tán	dào	dà	jiā	dōu
眼	，	Tán	談	為	攏	就	談	到	大	家	都
mǎn	yì	wéi	zhǐ	bei	.					
滿	意	為	止	唄	。					

〈夾手夾腳〉中說過，蜀生在成都有個女朋友麗渝，二人感情牢固，每天都在視頻裏見面。麗渝雖然喜歡香港，但捨不得離開成都。兩個人便為婚後定居的城市沒完沒了地討論。

蜀生長得高大俊朗，好學能幹，在公司裏名聲很好，甚得公司總裁米高的岳父沈伯賞識。沈伯在董事會上說過要好好留住這個人才。

有一次沈伯喝多了，和公司未婚的女同事開玩笑：「蜀生一天未娶，理論上還是『王老五』。你們誰能把他追到手，那才叫有本事！」

「沈伯你是教我們去挖牆角呀？為老不尊！」女子們笑笑也就散了。

有一個人卻把沈伯的話聽進心去。她叫 Lolita 洛麗塔，剛晉升為部門經理助理，人有點心計。一次安排上司見客搞錯了地址，她卻把過錯塞給了一個小同事，兩人在辦公室吵了一架，事後還在背後唱衰她。

小同事只好辭職。

沈伯以公司顧問的身份提醒過洛麗塔的上司：「小同事說過她專好**撩是鬥非**。小心！」

洛麗塔以前也談過男朋友，但沒下文。自把沈伯的話聽進心，後面就有了一連串動作：老圍着蜀生轉說要學習普通話，又請蜀生吃飯說感謝他教普通話。後來爭取到去成都出差的機會，還向蜀生要了麗渝的電話號碼，說是好多事要向麗渝請教。

洛麗塔回來後，公司就傳出了風言風語，說蜀生女朋友長相一般，呆頭呆腦，和蜀生不配。

麗渝和蜀生視頻時，神氣也不太對，說他現在的公司不會有甚麼前景，讓蜀生跳槽。

沈伯中午約蜀生吃飯，聽蜀生說起和麗渝的糟心事，便說：「有人在**撩是鬥非**，你別上當。」

蜀生問「**撩是鬥非**」是甚麼意思。

「挑撥離間，搞風搞雨嘛。」

沈伯說：「在公司裏**撩是鬥非**的人，一個也實在嫌多！」

第二天沈伯找了洛麗塔的上司吃午飯，下午上司找了洛麗塔談話，第三天她就交了辭職信。

釋義

「撩」指「挑起」，此詞指「挑起是非」。貶義詞。對應普通話可說「惹是生非」。

例句

粵語

(1) 今次公司派你去內地出差，你一定要改下你啲火爆脾氣，唔好**撩是鬥非**。

Gam1 ci3 gung1 si1 paai3 nei5 heoi3 noi6 dei6 ceot1 caai1 nei5 jat1 ding6 jiu3 goi2 haa5 nei5 di1 fo2 baau3 pei4 hei3 m4 hou2 liu4 si6 dou3 fei1

(2) 除咗佢中意**撩是鬥非**，公司啲同事都相處得幾好，大家亦唔聽佢枝笛。

Ceoi4 zo2 keoi5 zung1 ji3 liu4 si6 dou3 fei1 gung1 si1 di1 tung4 si6 dou1 soeng1 cyu5 dak1 gei2 hou2 daai6 gaa1 jik6 m4 teng1 keoi5 zi1 dek2

普通話

(1) 這次公司派你到內地出差，你一定要改改你炮筒子的脾氣，不要招惹是非。

Zhèi cì gōng sī pài nǐ dào nèi dì chū chāi nǐ yí dìng yào gái gai nǐ pào tóng zi de pí qi bú yào zhāo rě shì fēi

(2) 除了他喜歡惹事生非，公司其他同事都相處得不錯，大家也不買他的賬。

Chú le tā xǐ huan rě shì shēng fēi gōng sī qí tā tóng shì dōu xiāng chǔ de bú cuò dà jiā yě bù mǎi tā de zhàng

二、行為動作類

11 手揗腳震

培哥培嫂恩愛情深，在親朋中有口皆碑。

看他們以前的照片，男的瀟灑，女的俏麗，真是天設地造的一對。說起他們的相交，月老竟是一場火警。

年輕時二人曾在同一棟大廈不同的樓層上班，偶然會在電梯碰到，沒說過一句話。

某天，大廈火警鐘突然響起，寫字樓湧進了一股黑煙和嗆人的氣味。培嫂 Sindy 仙蒂的老闆衝進各辦公室大叫：「疏散！走後樓梯！」

仙蒂當時剛從學校畢業，人青澀懵懂，還不知道「死」是怎麼回事。她把手上的文件都一份份放進抽屜鎖好，才拿起手袋下樓。

一到後樓梯，便聞到強烈的燒焦味隨着幾縷黑煙從下面的樓層直竄上來。在樓梯上疾奔的人們眼睛裏全是緊張驚慌。仙蒂這才**手揗腳震**。這時偏又身體一歪，腳踝一崴，靠在了一個人身上，幾乎跌倒。

那人身體壯健，一把抄起她拉着往下走。仙蒂發現手袋丟了，喊了一聲：「我的手袋！」想甩開那人回去找。

「你不要命了？！」那人大吼，「手袋再買一個就是了⋯⋯大不了我賠你一個⋯⋯」說着不由分說地把她連拉帶抱地衝下樓梯。

到了樓下廣場，那人才鬆開手。二人抬頭看有幾層樓火光熊熊的樣子，都慶幸自己脫了險。

仙蒂這才正眼看了救命恩人一眼，好奇問他在那種時刻怎麼還那麼鎮定。

培哥說：「我也是**手揗腳震**的呀，可看到一個小女子那麼狼狽，男人嘛，不就得伸手拉一把嗎？」

仙蒂耍開了小姑娘脾氣：「你說過要賠我手袋的⋯⋯」她心想，一個男人在危急時能對不相識的人伸手相救，將來對太太一定不錯。

他們就這樣相識了，下面順理成章開始了拍拖、結婚的程序。

有人問過是甚麼人介紹他們相識的。

「火警。」二人異口同聲。

　　「揗」和「震」在粵語中都是指發抖、震顫。指驚嚇到全身發顫，形容慌張的樣子。中性詞。對應普通話可說「全身發抖」。

✏️ 例句 •••

粵語

(1)
Seoi2	hau4	lau6	seoi2	hou2	siu2	si6	ze1	，	aa3	po4
水	喉	漏	水	好	小	事	啫	，	阿	婆

nei5	m4	sai2	geng1	dou6	sau2	tan4	goek3	zan3	wo3	。
你	唔	使	驚	到	**手**	**揗**	**腳**	**震**	喎	。

Si1	fu2	soeng5	lei4	jat1	zan6	gaan1	zau6	wui5	jing2
師	傅	上	嚟	一	陣	間	就	會	整

hou2 .
好 。

(2)
Go2	coeng4	fo2	zuk1	ge3	jin6	coeng4	，	hou2	do1	lou5
嗰	場	火	燭	嘅	現	場	，	好	多	老

jan4	dou1	haak3	dou3	sau2	tan4	goek3	zan3	。	Gei2	go3
人	都	嚇	到	**手**	**揗**	**腳**	**震**	。	幾	個

hou2	sam1	jen4	jat1	bin6	daa2	saam1	tiu4	gau2	jat1
好	心	人	一	便	打	三	條	九	， 一

bin6	ngon1	wai3	keoi5	dei6	。
便	安	慰	佢	哋	。

普通話

(1)
Shuǐ	lóng	tóu	lòu	shuí	xiǎo	shì	yì	zhuāng	.	Lǎo
水	龍	頭	漏	水	小	事	一	樁	。	老

tài	tai	nín	yòng	bu	zháo	hài	pà	dé	shǒu	máng
太	太	您	用	不	着	害	怕	得	手	忙

jiǎo	luàn	de	.	Shī	fu	shàng	lai	yí	huìr	jiù
腳	亂	的	。	師	傅	上	來	一	會 兒	就

néng	xiū	hǎo	.
能	修	好	。

(2)
Nèi	chǎng	huǒ	zāi	de	xiàn	chǎng	，	hǎo
那	場	火	災	的	現	場	，	好

duō	lǎo	rén	dōu	xià	de	hún	shēn	fā
多	老	人	都	嚇	得	渾	身	發

dǒu	.	Jǐ	ge	hǎo	xīn	rén	yì	biān	dǎ
抖	。	幾	個	好	心	人	一	邊	打

「	jiú	jiú	jiǔ	」	，	yì	biān	ān	wèi	tā
「	9	9	9	」	，	一	邊	安	慰	他

men .
們 。

二、行為動作類

12 躝屍趷路

laan1　si1　gat6　lou6

〈撩是鬥非〉中說過，洛麗塔離開了蜀生那家公司。

不久就風傳說洛麗塔已在新公司上班，那家也做綜合貿易，她負責內地部門。

沈伯聽見「呵呵」了兩聲：「大路朝天，一人半邊。各做各的生意，她不來搞我們公司就好。」

公司裏有幾個同事先後辭了職到洛麗塔的公司上班了。

沈伯又是「呵呵」兩聲：「很明顯，他們都是讓洛麗塔挖過去的。」

這天蜀生接到了洛麗塔的電話，約他到一家川菜館吃晚飯，還說純是為練練普通話。

沈伯常說：「商場如戰場、同行如敵國」，但蜀生不想把關係搞得那麼緊張，打算赴宴。那天特意把衣着收拾了一番。

走時碰到沈伯。

沈伯打量了他全身：「有約？」

蜀生支支吾吾。

沈伯笑道：「去吧，不就是吃飯嗎？是別有居心的『鴻門宴』就***躝屍趷路***唄。」

「***躝屍趷路***？」

「粗話粗話，意思是『滾』。『滾蛋』你懂吧？」沈伯提腿做出要踢走蜀生的樣子，「***躝屍趷路***吧！別讓人家等急了。」

洛麗塔滿面春風，吊在領口的翡翠墜子顯得她份外嫵媚。

開頭確是練說普通話，洛麗塔拿出一本中國地圖冊，讓蜀生一字字教說各省的名字。

到上菜時，她嘆了口氣：「我要有你幫忙就好了。跳槽做我的副手吧，我給你爭取個好人工……」

蜀生心一跳：還真是「鴻門宴」啊。他不想離開老東家，便把話岔開：「我哪有資格跳槽啊……這家店的川菜地道！」

洛麗塔認真地說：「你是個人才。我們公司，還有我自己……任何時候都會歡迎你！」

第二天上班，蜀生剛坐下就收到人事部主管玉娟小姐的電話，到那兒她拿出了一份新合同，說是公司董事會昨晚開會提升他為部門副經理。

蜀生喜出望外地簽了字。走出人事部卻見到沈伯在等他：「還是我

們動作快吧？要再來煩你，你就讓人家**躝屍趷路**⋯⋯滾蛋！」

蜀生傻傻道：「讓女孩子**躝屍趷路**⋯⋯粗魯了吧？」

沈伯指着他的鼻子：「我沒說人家是女的，這是你自己招供的⋯⋯哼，想跟你沈伯鬥，她還得練練！」

說罷揚長而去。

📖 釋義

罵人的粗話，意思是讓人滾開、滾蛋。使用時要注意場合及環境氣氛。貶義詞。對應普通話可說「趕快滾蛋」。

✏️ 例句

粵語

(1)
Nei5	dei6	jat1	jat6	dou3	haak1	hai2	ni1	tiu4	uk1	cyun1
你	哋	一	日	到	黑	喺	呢	條	屋	邨

maai6	gaa2	joek6	ngaak1	di1	lou5	jan4	.	Faai3	di1	laan1
賣	假	藥	呃	啲	老	人	。	快	啲	**躝**

si1	gat6	lou6	laa1
屍	**趷**	**路**	啦

(2)
Keoi5	fei1	faat3	baa3	zyu6	go3	dong3	hau2	hou2	noi6	gaa3
佢	非	法	霸	住	個	檔	口	好	耐	㗎

laa3	.	M4	hai6	bou3	zo2	ging2	,	keoi5	sin1	m4
喇	。	唔	係	報	咗	警	，	佢	先	唔

wui5	laan1	si1	gat6	lou6	aa3
會	**躝**	**屍**	**趷**	**路**	呀

普通話

(1)
Nǐ	men	yī	tiān	dào	wǎn	zài	zhèi	ge	xiǎo	qū
你	們	一	天	到	晚	在	這	個	小	區

mài	jiǎ	yào	piàn	lǎo	rén	.	Gǎn	kuài	gǔn	dàn
賣	假	藥	騙	老	人	。	趕	快	滾	蛋

ba
吧

(2)
Tā	fēi	fǎ	bà	zhàn	zhèi	ge	tān	wèi	hǎo	jiǔ
他	非	法	霸	佔	這	個	攤	位	好	久

le	.	Yào	bú	shì	bào	le	jǐng	,	tā	cái
了	。	要	不	是	報	了	警	，	他	才

bú	huì	gǔn	dàn	ne
不	會	滾	蛋	呢

二、行為動作類

13 一撲一轆

中國四大名著之一《三國演義》裏的曹操，在作者羅貫中眼中是個「挾天子以令諸侯」的逆賊，賊心是要謀奪漢室以坐天下，對他的描寫多是貶抑。根據《三國演義》改編的中國戲曲，曹操也多以反角的白臉出現。

這是經過文學創作加工的曹操。

站在歷史角度評價，曹操卻是個出色的政治家、軍事家和文學家。

說曹操是政治家和軍事家，常舉出的例子是他善用計謀、以少勝多、以弱勝強的「官渡之戰」。「官渡」在今天河南省，當時是曹操主力的大本營。

其時群雄並起，曹操的勢力在分封割據的諸侯中不算強大，鎮守北方大片土地的是諸侯之首袁紹，他兵強馬壯，是曹操統一北方雄心的重大阻力。加上袁紹發佈了討閹曹賊檄文，更挑起袁、曹對立，日思夜想要擊敗對方。

一晚，曹操顧不得自己正在洗腳，光腳去接待了袁紹方前來投誠的謀士，並果斷接受了他的建議，親自帶兵去攻打袁紹的糧倉烏巢，臨行時曹操料定袁紹會乘機領兵攻打官渡，佈下了精兵埋伏。

曹軍的突然襲擊，叫鎮守烏巢的袁軍驚慌失措，被打得**一撲一轆**。

攻打官渡的袁軍得知烏巢被破，軍心大亂，投降了曹操。

袁紹派兵欲救烏巢，曹操令軍士絕地死拼，殺紅了眼的曹軍滅掉了袁紹主力，袁軍四下逃散。袁紹只能帶着殘兵八百，**一撲一轆**逃回其根據地河北。

袁、曹兵力到底有多少？說法不一。不論哪個數目更靠譜，眾史家都一致認為，官渡之戰顯示了曹操的政治謀略與軍事才能，是歷史事實；曹軍以少勝多，袁軍被打得**一撲一轆**、潰不成軍，也是歷史事實。

此役之後，袁紹氣悶而亡，曹操乘機掃平了依附袁紹的各路諸侯勢力，結束了北方戰亂，統一了北方。

　　「撲」，指摔倒在地上的動作；「轆」，指球狀物滾動。也作「一仆一轆」。此詞形容跌跌撞撞的姿勢。也常形容被打敗的狼狽樣子。貶義詞。對應普通話可說「連滾帶爬」。

✏️ 例句 ••

粵語

(1)
Gei2　go3　caak6　zai2　gin3　dou2　cin4　bin6　jau5　ceon4　lo4
幾　　個　　賊　　仔　　見　　到　　前　　便　　有　　巡　　邏
ging2　caat3　haang4　gwo3　lai4　，　zik1　haak1　dam2　dai1　di1
警　　察　　行　　過　　嚟　　，　即　　刻　　揼　　低　　啲
giu6　mun4　gung1　geoi6　，　jat1　puk1　jat1　luk1　laan1　zau2
撬　　門　　工　　具　　，　一　　*撲*　一　　*轆*　躝　　走
zo2
咗　。

(2)
Gam1　zou2　lo6　gwo3　jyu5　，　di1　lou6　hou2　sap1
今　　早　　落　　過　　雨　　，　啲　　路　　好　　濕
waat6　。　Haang4　saan1　si4　jiu3　lau4　ji3　goek3　haa6　，
滑　　。　行　　山　　時　　要　　留　　意　　腳　　下　　，
m4　siu2　sam1　zau6　wui5　dit3　dou3　jat1　puk1　jat1　luk1
唔　　小　　心　　就　　會　　跌　　到　　一　　*撲*　一　　*轆*
gaa3　laa3
㗎　　喇　。

普通話

(1)
Jǐ　ge　xiǎo　tōu　kàn　dao　qián　mian　yǒu　xún　luó
幾　個　小　偷　看　到　前　面　有　巡　邏
jīng　chá　zǒu　guò　lai　，　mǎ　shàng　diū　diào　qiào
警　察　走　過　來　，　馬　上　丟　掉　撬
mén　de　gōng　jù　，　diē　die　zhuàng　zhuàng　de　táo
門　的　工　具　，　跌　跌　撞　撞　地　逃
pǎo　le
跑　了　。

(2)
Jīn　tiān　zǎo　shang　xià　guo　yǔ　，　lù　yòu　shī
今　天　早　上　下　過　雨　，　路　又　濕
yòu　huá　。　Pá　shān　shí　yào　liú　yì　jiāo　xià　，
又　滑　。　爬　山　時　要　留　意　腳　下　，
bù　xiǎo　xīn　jiù　huì　shuāi　ge　mǎn　dì　zhǎo　yá
不　小　心　就　會　摔　個　滿　地　找　牙　。

二、行為動作類

14 枕住嚟做

蜀生被提升為部門的副經理，工作更用心。

沈伯深知公司總裁女婿米高僅是中上之才，需有英才輔助。他看準了蜀生是上等人才苗子，也就格外栽培他。

蜀生的「發展部」，是要拉客擴展公司業務的。他利用父親在成都的人脈，做成了兩筆大生意。

蜀生知道他的業務和內地貿易部有重疊，必須拓展海外市場，才能讓那些對他升職喊喊嚓嚓的同事閉上嘴巴。

海外客源不是那麼容易拉到的，和麗渝視頻時他不住唉聲嘆氣。

麗渝安慰他，說可以託海外客戶給他打聽打聽。

沒幾天她就傳來了消息說：朋友介紹的都是些北歐邊遠小城的小公司，生意額不大，怕你們瞧不上眼呢。

蜀生高興幾乎跳起來，「只要是生意，***枕住嚟做***也能聚沙成塔啊。」

「等等……」麗渝打斷了他，「真長進了，居然跟我甩開了粵語……」她費勁地說出那幾個字，「『***枕住嚟做***』甚麼意思嘛？」

蜀生忙道歉：「意思是長久、不間斷去做。」

這是沈伯不時提醒的，叫不要輕待小客戶***枕住嚟做***，小客戶說不定也會成為大客戶，也能替公司引進客源。

收到北歐的第一張訂單，數目果然很小，公司可賺的確實不多。

蜀生的上司甘仔胃口很大，蜀生拿不準他會不會在訂單上簽字，便先找沈伯討教。

沈伯「呵呵」了兩聲：「第一次和公司做生意，人家也不知道你是不是老千(騙子)。他那些碎銀是在試探呢？賠了也就是這幾個錢。等建立了信任，他要的絕對不止這些！我們要拿出誠意讓他有信心和我們枕……」

「***枕住嚟做***！」蜀生同時蹦出了那個詞。

「對！***枕住嚟做***，細水長流也會成為洪川大江……」沈伯盯着蜀生，「小子你甚麼時候學會說『***枕住嚟做***』的？」

「您幾乎天天說，我耳朵都快聽出繭子來了……」

蜀生一溜煙跑去找甘仔簽名，留下沈伯獨自狐疑：我「枕住」說了？我有那麼囉唆嗎？

「枕住」表示持續的狀態。此詞表示持續地做某事。也可改變動詞「做」表示持續做某些動作，如「枕住嚟唱」、「枕住嚟跳」。中性詞。對應普通話可說「持續去做」。

例句

粵語

(1) 我阿媽腰骨痛咗幾年。收尾搵到個好中醫，枕住食藥針灸一年後幾乎好返晒。

(2) 做乜事都要枕住嚟做至見到成績。做下唔做下邊見到效果㗎？

普通話

(1) 我媽媽腰痛好幾年了。後來找了個好中醫，連續吃藥做針灸一年後幾乎全好了。

(2) 做甚麼事都要持續去做才能出成績。做一做就放棄哪能見出效果呢？

15 滾紅滾綠

　　培哥培嫂仙蒂自從火警相識結緣，一向恩愛。人到中年後，他們有兒有女，一個做生意，一個開補習社，一家人日子過得和睦小康。

　　仙蒂滿意眼下的日子，對丈夫說過幾次：「你別再去擴充生意自找苦吃了。錢反正賺不完。」

　　培哥晚飯多在家裏吃。吃完飯就在書房打電話談生意。書房和客廳只隔了一道屏風，打電話的聲音大一點，客廳都能聽到。

　　只是仙蒂發現培哥最近行動詭秘，打電話總躲進兒子房間，閉緊房門，完全聽不到他一言半語。

　　仙蒂想過開口問，又覺得太小雞肚腸，對不起自己受過的高等教育，於是忍了口，但對培哥難免露出些不悅。

　　培哥這些日子打完電話倒頭就睡，顧不上去盤問妻子。

　　這天培哥打電話給仙蒂，說約了人吃晚飯不回來了。仙蒂趁機發作：「我做了一桌子菜，你這會兒才告訴我不回來吃！」

　　「明天我吃隔夜菜還不行嗎……等一下」，培哥放開電話朝甚麼人大聲說：「好，滾就滾……」仙蒂聽到那人笑答：「那就去美孚鬥滾吧！八點見……」

　　仙蒂認出是公司夥計阿輝的聲音，心一沉。阿輝是做生意的好手，就是喜歡*滾紅滾綠*，以前鬧到差點妻離子散。莫非老毛病又犯了？還一口一個「鬥滾鬥滾」，那就是說不但去滾，還要比着滾，膽子也太大了！

　　培哥晚上回家，仙蒂就沒給個好臉色。培哥追問了幾次仙蒂便大爆發：「去*滾紅滾綠*鬥滾吧，招一身病不許進我家門！」

　　培哥笑得喘不上氣：「哎呀我說你唱的甚麼戲呢。『滾』指的是我們去打邊爐。阿輝約了內地客人到那兒談生意……」

　　仙蒂臉色和緩了些，可是還要嘴硬：「你就不能在電話裏告訴我嗎？」

　　「你老是反對我擴充生意。我想等生米煮成熟飯後再和你說嘛。」

　　仙蒂自知沒理，把話岔開：「哼，打邊爐！和內地朋友該說『吃火鍋』！」

　　培哥大笑：「是！謝謝補習老師！」

📖 詞義

「滾」指男性生活作風不正派,與女性鬼混。貶義詞。 對應普通話可說「拈花惹草」。

✏️ 例句

粵語

(1) Aa6 suk1 goi2 zo2 gwan2 hung4 gwan2 lok6 di1 seoi1 je5, dak1 haan4 zau6 heoi3 gin6 san1 daa2 bo1, san1 zi2 hou2 zo2 hou2 do1 laa3.

阿叔改咗**滾紅滾綠**啲衰嘢,得閒就去健身打波,身子好咗好多喇。

(2) Keoi5 seoi1 jin4 jau5 cin2, daan6 m4 zung1 ji3 heoi3 gwan2 hung4 gwan2 lok6, tai3 tai2 deoi3 keoi5 jik6 hou2 fong3 sam1.

佢雖然有錢,但唔中意去**滾紅滾綠**,太太對佢亦好放心。

普通話

(1) Shū shu gǎi le niān huā rě cǎo de máo bing, yǒu shí jiān jiù qù jiàn shēn dǎ qiú, shēn tǐ yě hǎo le.

叔叔改了拈花惹草的毛病,有時間就去健身打球,身體也好了。

(2) Tā suī rán yǒu qián, dàn bú hào yǔ qí tā nǚ rén guǐ hùn, tài tai duì tā yě hěn fàng xīn.

他雖然有錢,但不好與其他女人鬼混,太太對他也很放心。

三、人物稱呼類

〈一撲一轆〉一節中提到培哥培嫂仙蒂在火警中相遇相交，了卻了仙蒂媽咪的心事。

仙蒂是家中小女兒，樣子清秀，性格爽朗，很得家族各人寵愛。媽咪對她更是「含在嘴裏怕化了，捧在手上怕摔了」。仙蒂剛滿 18 歲，媽咪就為她找男朋友的事操上了心。

偶有大學男同學上門和仙蒂聊點閒話，媽咪便藉口斟茶遞水，眼珠子滴溜溜地朝人家上下打量，把每個男生都視為「準女婿」，不但當面「查家宅」（查問家庭情況），事後還要向仙蒂追問各種細節。

仙蒂又氣又煩，「逆反心理」終在某天爆發：「媽咪你越來越像個三**姑六婆**了！」

接着便賭氣宣佈她工作五年後才會拍拖。

這下子把媽咪嚇得不輕：「到那時你都二十七八了，鬼才會和你拍拖！」

媽咪為此好醜話說盡，仙蒂先是不理，繼而黑臉，最終竟藉口上班方便搬出去租房子住。

媽咪便愁眉不展，心事被幾個要好的「雀友」（同打「麻將」的朋友）追問出來了。

雀友異口同聲：「我們是自小看着仙蒂長大的 auntie，輪流去給她介紹男仔，不怕仙蒂不給面子！」

AuntieA 第一個打電話給仙蒂，寒暄兩句後單刀直入說自己認識好幾個好男仔，話沒說完仙蒂就說手機信號不好，先掛了。

AuntieB 也碰了釘子。

不等 Anutie C 打出電話，仙蒂忽然打電話回家撒氣：「媽咪你別讓你那些三**姑六婆**雀友來煩我了，我這輩子不嫁了！」

媽咪正用手機和 Anutie C 通話，顧不上收線就去接座機電話，仙蒂的咆哮讓 Anutie C 全聽到了。

這邊女兒聲稱不嫁，那邊得罪了朋友，媽咪愁得白髮猛長。

過了幾個月，經歷了寫字樓火警的仙蒂忽然帶阿培回家。媽咪一見到阿培相貌堂堂的樣子，心頭大石「噹」然落地：「是他是他就是他了，準女婿！」

　　古時本指女性從事的一些職業。近代指好挑撥是非、好管閒事的女性。貶義詞。對應普通話可說「七大姑八大姨」。

例句

粵語

(1) 你講嘅新聞我喺中英文網都查唔到。又係聽埋啲三姑六婆講㗎啦？

(2) 佢屋企三姑六婆多，嘴又雜，鬼咁多意見。唔怪之得佢好難做決定啦。

普通話

(1) 你說的新聞我在中英文網上都查不到。又是聽那些好管閒事的女人說的吧？

(2) 他們家，七大姑八大姨，人多嘴雜，意見多。難怪他拿不定主意。

2 大人大姐

　　仙蒂和阿培相識交往，二人都相逢恨晚，拍拖沒幾個月便談婚論嫁了。

　　阿培父母雙亡，仙蒂媽咪對這椿婚事更是全力操心。先是催他們到紅棉路婚姻登記處辦了註冊登記手續，又早早訂了一家名店的嫁女餅，還親自謀劃婚宴上女方要請的親友。那幾位 ABC「雀友」auntie 自然是在當請之列。

　　為表示隆重其事，媽咪和爹哋還去請親友喝了幾次茶，當面把婚宴請柬交到各人手中。

　　惟是「雀友」那幾張，媽咪堅持要仙蒂親自送上門，算是稱人家為「三姑六婆」的一個道歉。

　　仙蒂起初忸忸怩怩的：「不嘛，那多難為情啊。」

　　媽咪一反常態地堅持：「小時候你任性也就罷了，現在你**大人大姐**，說甚麼也不該再慣着你了。幾個 auntie 熱心幫忙反成了三姑六婆，把人家的好心當成了驢肝肺，這也太目無尊長了……」

　　仙蒂媽越說越來氣，停不下來。

　　就因為仙蒂在電話裏把她幾個雀友稱為「三姑六婆」，仙蒂媽覺得很尷尬。當面向她們道過歉，還在麻將枱上故意輸了幾次挽回友情。

　　阿培忙給仙蒂使眼色，插話道：「聽媽咪話！仙蒂你也不想想當初你在電話一聲吼，讓媽咪多下不來台。好在幾個 auntie 大人有大量不計較，**大人大姐**就該大度上門去認個錯……」

　　「還是我女婿明事理，」仙蒂媽咪看來了救兵，越發來勁，「**大人大姐**就該有個**大人大姐**的樣子……」

　　仙蒂撅嘴跺腳：「哎呀，你們一唱一和，明擺着欺負人嘛……」

　　阿培看仙蒂跺腳就急了：「哎哎哎，別嚇壞肚裏的 BB……」

　　這回輪到仙蒂媽咪跺腳了：「啊？有了？不是還沒擺酒嗎？」

　　仙蒂紅了臉：「人家已經登記宣誓，是合法夫妻了嘛。」

　　阿培忙把話題岔開：「媽咪放心！保證這個星期把請帖送到各位 auntie 手上！」

📖 釋義

指作為大人、成年人。坊間有寫成「大人大者」的。中性詞。對應普通話可說「成年人」。

✏️ 例句

粵語

(1)
Paai4	deoi2	sau2	kwai1	geoi2	laa1	，	**daai6**	**jan4**	**daai6**	**ze2**
排	隊	守	規	矩	啦		**大**	**人**	**大**	**姐**
daa2	zim1	gam3	sau1	gaa1		dou1	m4	paa3	bei2	jan4
打	尖	咁	羞	家	，	都	唔	怕	俾	人
naau6	ge2									
鬧	嘅	。								

(2)
Keoi5	m4	hang2	sau1	daai6	gaa1	ge3	gyun1	fun2	，	waa6
佢	唔	肯	收	大	家	嘅	捐	款	，	話
ji4	gaa1	hai6	kwan3	naan4	di1		daan6	hai6	daai6	jan4
而	家	係	困	難	啲	，	但	係	**大**	**人**
daai6	**ze2**	，	jau5	sau2	jau5	goek3	，	jat1	ding6	ho2
大	**姐**	，	有	手	有	腳	，	一	定	可
ji6	dou6	gwo3	naan4	guaan1	ge3					
以	渡	過	難	關	嘅	。				

普通話

(1)
Pái	duì	shǒu	guī	ju	ba	，	zhè	me	dà	gè
排	隊	守	規	矩	吧		這	麼	大	個
rén	jiā	sāir		yě	bù	xián	diū	rén	，	bú
人	加	塞兒	，	也	不	嫌	丟	人		不
pà	ràng	rén	mà							
怕	讓	人	罵	。						

(2)
Tā	bù	kěn	shōu	dà	jiā	de	juān	kuǎn	，	shuō
他	不	肯	收	大	家	的	捐	款	，	說
xiàn	zài	shì	yǒu	diǎnr	kùn	nan	kě	zuò	wéi	
現	在	是	有	點兒	困	難	可	作	為	
chéng	nián	rén		yòu	bù	qē	gē	bo	qē	guān
成	年	人	，	又	不	缺	胳	膊	缺	關
tuǐ		yí	dìng	kě	yǐ	dù	guo	nán		
腿	，	一	定	可	以	渡	過	難	。	

3 男人老狗

naam4 jan4 lou5 gau2

〈捱更抵夜〉中說到，阿惠在內地嫁了阿松。阿松因傷痛只能在地盤做散工掙錢。阿惠到安老院做了護理員，人工比阿松掙得多。

不想這竟成了阿松的心病。

多少年來，阿松在地盤做過許多工種，做事不偷懶，肯賣力，許多二判頭都樂意找他幫忙，他是家中的經濟支柱。當初娶阿惠時，他拍着胸脯說過：「我會一生一世照顧你！」

受傷之後，阿松就難有當年氣概了，只能靠過去的口碑做做散工。

阿惠在老人院固定值夜班，白天在家又睡不好，讓阿松工友誇為「美女惠」的松太，漸成了黃臉婆。

阿松看在眼裏，幾次勸阿惠不要上夜班，阿惠說人家本來招的就是夜班員工，上夜班還能多掙一點呢。

阿松暗地裏長嘆：「**男人老狗**養不起家，真是枉為男人！」

他偷偷去兼了一份職，只值前半夜，後半夜回家睡覺，第二天一早再去上班。女兒小靜一發現，轉頭就向阿媽彙報了。

那天阿松從兼職的公司下班，推門就見阿惠端坐在吃飯桌旁，桌上放了一條麻繩。

阿惠沉着臉：「說！明天你辭不辭那份兼職？不辭咱倆今晚就是一根繩上的兩個螞蚱，都一塊兒吊死算了！」

阿松一把奪過繩子藏到身後：「別老是死死死的。**男人老狗**嘛，多掙點錢養家，不叫老婆受累不是天經地義的嗎？」

「我還是家庭主婦呢……」阿惠的口氣舒緩了些，「對家庭不也有責任嗎？你現在身體不好，要兼職也得先把身體養好吧？」

阿松心裏暖暖的：「好好好，下月就辭。行了吧？」

「還下月？明天！」

夫婦倆正在拌嘴，兒子大威揉着眼從房間走出來：「你們還讓不讓人睡覺了？阿爸你真是的，**男人老狗**別和女人吵嘛。」

大威正在讀中華廚藝課程，自小就愛自稱「**男人老狗**」。

夫婦倆頓時大眼瞪小眼：天天和阿媽和小靜吵的，不正是他嗎？

香港粵語趣談

90

　　指見多識廣、歷經磨煉的男性。常用作自稱，表示自己夠堅強，有擔當。褒義詞。對應普通話可說「男子漢大丈夫」。

例句

粵語

(1) Jyu6 dou3 gam2 ge3 ngai4 gap1 cing4 fong3 ， **naam4 jan4**
遇 到 噉 嘅 危 急 情 況 ， **男 人**
lou5 gau2 gang2 hai6 jiu3 kei5 ceot1 lei4 bou2 wu6 di1
老 狗 梗 係 要 企 出 嚟 保 護 啲
sai3 lou6 neoi5 jan2 tung4 lou5 jan4 laa1
細 路 女 人 同 老 人 啦 。

(2) **Naam4 jan4 lou5 gau2** zoek3 saam1 gon1 zeng6 kei5 lei5 zau6
男 人 老 狗 着 衫 乾 淨 企 理 就
dak1 laa1 sai2 mat1 jat1 ding6 jiu3 zoek3 ming4 paai4
得 喇 ， 使 乜 一 定 要 着 名 牌
ze1
啫 。

普通話

(1) Yù shang zhèi zhǒng wēi jí de qíng kuàng ， nán
遇 上 這 種 危 急 的 情 況 ， 男
zǐ hàn dà zhàng fu dāng rán yào zhàn chu lai
子 漢 大 丈 夫 當 然 要 站 出 來
bǎo hù xiǎo háir fù nǚ hé lǎo rén
保 護 小 孩兒 婦 女 和 老 人 。

(2) Yér men chuān yī fu gān jìng zhěng qí jiù ké
爺兒 們 穿 衣 服 乾 淨 整 齊 就 可
yǐ le yòng bu zháo yí dìng yào chuān míng
以 了 ， 用 不 着 一 定 要 穿 名
páir
牌兒 。

4 家爺仔嫲

　　阿培外表看去很有氣質，頗像出身富貴。他的祖上也的確闊過，阿培讀港大時還特意去看過爺爺住過的花園大宅，它在卑路乍灣海邊。

　　爺爺本是歐洲某個靚粉牌子在香港的代理商。可是在香港淪陷日本人之手的「三年零八個月」裏，爺爺的生意漸漸萎縮，終於破產。

　　家爺仔嫲大小十幾口，只能靠變賣家產抵債生活，最後被迫把棲身的住宅低價賣出套現。除了還債，剩下的錢分給了阿培阿爸幾兄弟，分到手的也不多。

　　阿培的阿爸長得一副好皮囊，讀書時就進了一家電影公司，專演些紈絝子弟。生活中他其實思想簡單，讓身邊的人忽悠把分到的錢投資到一部文藝片，電影票房慘淡，阿爸的本錢血本無歸。他開始酗酒吸煙，自暴自棄，家境更每況愈下，最後**家爺仔嫲**搬到了新界一間鐵皮屋。

　　仙蒂和阿培交往了三個月，阿培專門約她到石澳的海灘，講了自己的身世。

　　「在鐵皮屋我親眼見到**家爺仔嫲**醬油撈飯的日常生活，親眼見到我阿爸終日一動不動躺在牀上，也親眼見到阿媽終日以淚洗面的無助 …… 我十三四歲就出來打暑期工，高中就開始兼職，一方面解決自己的生活，另幫補一下**家爺仔嫲**的生活。現在我每個月的人工，還要拿出一部份供養讀中學的妹妹，所以積蓄真沒多少……」

　　仙蒂自小衣食無憂。聽阿培說起家史，就像在看一部粵語長片，一時愣住。

　　阿培說道：「我今天向你交底了。你可以考慮一下，我們是繼續交往，還是從此分手……」

　　「等一下，給我三分鐘……」仙蒂在沙灘上來回跑了幾圈，心想：「找老公不就是要找一個對**家爺仔嫲**負責的嗎？眼前就有現成的一個！何況還是個靚仔帥哥……」

　　仙蒂停住腳步，向着滿天閃爍的星星，向着波浪輕柔的大海，用盡全力喊道：「我仙蒂這輩子非阿培不嫁！」

釋義

「乸」指雌性，在粵語中指已成婚的女子。該詞指一家人。中性詞。對應普通話可說「一家老少」。

例句

粵語

(1)
Gwo3 過　nin4 年　go2 嗰　zan2 陣　**gaa1 家**　**je4 爺**　**zai2 仔**　**naa2 乸**　co5 坐　maai4 埋　jat1 一
toi4 枱　sik6 食　tyun4 團　nin4 年　faan6 飯　，　m4 唔　zi1 知　gei2 幾　gam3 咁　wan1 溫
hing1 馨 。

(2)
Hoeng1 香　gong2 港　luk6 六　sap6 十　nin4 年　doi6 代　「　zai3 制　seoi2 水　」　.
Jat1 一　jau5 有　seoi2 水　lei4 嚟　，　**gaa1 家**　**je4 爺**　**zai2 仔**　**naa2 乸**　zau6 就　cai4 齊
cai4 齊　heoi3 去　paai4 排　deoi2 隊　lo2 攞　seoi2 水 。

普通話

(1)
Guò 過　nián 年　nèi 那　huìr 會兒　quán 全　jiā 家　lǎo 老　shào 少　qí 齊　zuò 坐　yǐ 一　duō 多
zhuō 桌　chī 吃　tuán 團　nián 年　fàn 飯　bù 不　zhī 知　dao 道　yǒu 有
me 麼　wēn 溫　xīn 馨 。

(2)
Xiāng 香　gǎng 港　liù 六　shí 十　nián 年　dài 代　xiàn 限　zhì 制　yòng 用　shuǐ 水　。
Měi 每　dào 到　lái 來　shuǐ 水　yǐ 一　jiā 家　jiā 家　dōu 都　shì 是　quán 全　jiā 家
lǎo 老　shào 少　yǐ 一　qǐ 起　qù 去　pái 排　duì 隊　qú 取　shuǐ 水 。

5 冇尾飛砣

蜀生自從當上部門的副經理，工作比以前忙多了，很多時候都要在外面應酬見客。

沈伯也好像挺忙，有一天蜀生閒下來，才想起見不到沈伯已有半個多月了，給他發信息也不回。

問了好幾個同事，有的說不知道，有的打哈哈：都說你是沈伯的乾兒子。你不知道，我就更不知道了。也有個年紀大些的說：你不知道他是「**冇尾飛砣**」嗎？說罷打自己嘴巴：「哎呀，說漏嘴了⋯⋯你自己問玉娟小姐去！」

沈伯的女兒尹玉娟是公司的人事部主管，外表嚴肅淡定。明明是公司總裁夫人，卻不讓大家按香港慣例稱她「米高太太」，讓喊她「玉娟小姐」。

一天公司中高層開完會，玉娟留下蜀生問了幾句新招來的慶祥的表現，蜀生便趁機打聽沈伯的動向。

玉娟淡淡一笑：「你不知沈生的外號叫**冇尾飛砣**？⋯⋯哦，就是指行踪不定的人。他是顧問，沒甚麼具體職責，公司也由得他到處放飛。這會兒在上海？成都？廣州？天曉得！」

蜀生看玉娟臉色不對，也不敢再問下去，走出會議室時滿腹狐疑。最不解的是，她竟把自己老爸稱作「沈先生」，還有她不姓沈而姓尹。

過了幾天蜀生收到了沈生的 WhatsApp，說自己回來公司上班了，中午請蜀生去試食一家新開的齋舖 (素菜館)。

蜀生見到沈伯便說：「他們都說你是**冇尾飛砣**，不知你上哪兒去了。」

沈伯只是笑笑：「**冇尾飛砣**本來就沒有方向，愛飛到哪裏就是哪裏。我每年都會一個人出去流浪幾天，到廣州、上海、成都這些過去做過生意的地方轉轉，會會老朋友老客戶。」

蜀生迫不及待地問：「玉娟小姐怎麼不知道您上哪兒了呢？她不是您女兒嗎⋯⋯對了，她怎麼喊您做『沈先生』呢？」

沈伯少見地沉下臉，說了一句西方諺語：「Curiosity killed the cat，好奇害死貓⋯⋯吃飯吧。」

砣是一種器具，尾巴有根繩子，憑繩子拉收可飛回來。沒有尾巴的砣，飛出去就回不來了。此詞用以比喻行踪飄忽不定。偏貶義。對應普通話可說「斷線風箏」。

例句

粵語

(1)
聽人講，佢呢幾年都喺南美洲旅行，好似**冇尾飛砣**，噉揾佢唔到。

Teng1 jan4 gong2 , keoi5 ni1 gei2 nin4 dou1 hai2 naam4 mei5 zau1 leoi5 hang4 , hou2 ci5 mou5 mei5 fei1 to4 gam2 wan2 keoi5 m4 dou2 .

(2)
佢係**冇尾飛砣**，唔知幾時喺香港，想揾佢聚會就難咯。

Keoi5 hai6 mou5 mei5 fei1 to4 , m4 zi1 gei2 si4 hai2 Hoeng1 gong2 , soeng2 wan2 keoi5 zeoi6 wui6 zau6 naan4 lo3 .

普通話

(1)
聽別人說，他這幾年都在南美洲旅行，就像斷線風箏找不着他。

Tīng bié ren shuō , tā zhèi jǐ nián dōu zài Nán měi zhōu lǚ xíng , jiù xiàng duàn xiàn fēng zheng zhǎo bu zháo tā .

(2)
他行踪不定，不知道甚麼時候在香港，想找他聚會太難了。

Tā xíng zōng bú dìng , bù zhī dao shén me shí hou zài Xiāng gǎng , xiáng zhǎo tā jù huì tài nán le .

6 黃綠醫生

〈七國咁亂〉中說過保羅和太太阿梅的故事。阿梅總以自己年輕，還沒玩夠為由，拒絕生孩子。

張老太太心急抱孫子，明着暗着說了幾次：女方年紀大，生出的孩子可能會不健康，至少也會不聰明。

阿梅這才動了心，夫妻倆便認真備孕，可是總不見阿梅肚皮有動靜。

張老太太聽說東莞有個中醫專治不孕症，拉着張老先生過了羅湖橋，花了幾百元讓中醫開了個藥方。對方拍着胸脯說：「三個月，兩人都吃三個月，包有！」

張老太正在憧憬孫輩繞膝的幸福，張老先生卻來潑冷水：「敢說『包有』的，八成是個**黃綠醫生**。」

張老太太懟他：「你烏鴉嘴！」

三個月過去，一切依舊。保羅和阿梅一見到張老太太端出黑乎乎的湯汁就皺眉，不肯再喝了。

保羅說：「那傢伙肯定是個混飯吃的庸醫！」

張老先生加了一嘴：「我早說是**黃綠醫生**嘛。」

阿梅不甘心，偷偷去看了一位婦科名醫。他是北京人，中西醫博士，循「優才引進計劃」到香港定居，名聲很響。

醫生看了東莞中醫的方子笑了：「呵呵，蒙古大夫啊。」

阿梅便用南腔北調的普通話解釋：「他不是蒙古人，是東莞那邊的。」

醫生笑得更響了：「哦，我們北方管這些半吊子不負責任的行醫者叫『蒙古大夫』。」

醫生診斷阿梅是輸卵管堵塞，開了測試紙讓她回家先做初步測試。

測試結果證實了北京醫生的判斷。

阿梅便恨得牙癢癢的：「那個蒙古大夫真是害死人！」

保羅說：「人家是東莞的，不是蒙古人。」

阿梅把北京醫生的解釋說了一遍，又說：「就是阿爸說的『**黃綠醫生**』，沒有真才實學那種！」

保羅不解：「怎麼不是其他地方，偏是蒙古的呢？」

阿梅懶得理他，轉身做飯去了。

自進入備孕，他們三頓飯都在家裏解決。「模範（無飯）家庭」解體，但廚房維持了「七國咁亂」的傳統。

釋義

指江湖中以騙術行醫的人，或指不負責任、醫術不高的庸醫。貶義詞。對應普通話可說「蒙古大夫」。

例句

粵語

(1)

Sik1	gong2	gei2	zek3	zung1	joek6	meng2	zau6	hai6	ji1	sang1
識	講	幾	隻	中	藥	名	就	係	醫	生
laa4	?	Ngo5	tai2	keoi5	ci5	**wong4**	**luk6**	**ji1**	**sang1**	do1
噂	？	我	睇	佢	似	**黃**	**綠**	**醫**	**生**	多
di1	.
啲	。

(2)

Sik6	go2	di1	**wong4**	**luk6**	**ji1**	**sang1**	hoi1	ge3	joek6	wui5
食	嗰	啲	**黃**	**綠**	**醫**	**生**	開	嘅	藥	會
m4	wui5	sik6	sei2	jan4	gaa3	？	Zung6	hai6	deng3	saai3
唔	會	食	死	人	㗎	？	仲	係	掟	晒
keoi5	baa2	laa1	.
佢	罷	啦	。

普通話

(1)

Huì	shuō	jǐ	ge	zhōng	yào	míng	jiù	shì	yī	shēng
會	說	幾	個	中	藥	名	就	是	醫	生
le	？	Wǒ	kàn	tā	gèng	xiàng	shì	méng	gǔ	dài
了	？	我	看	他	更	像	是	蒙	古	大
fu	.
夫	。

(2)

Chī	nèi	xiē	yōng	yī	kāi	de	yào	huì	bu	huì
吃	那	些	庸	醫	開	的	藥	會	不	會
sǐ	rén	na	？	Hái	shì	bǎ	yào	dōu	rēng	le
死	人	哪	？	還	是	把	藥	都	扔	了
ba	.
吧	。

7 蛀米大蟲

　　阿松家的大兒子大威出生時，妻子阿惠難產。生下的嬰兒不會睜眼，也不會哭，在暖箱裏住了三天才會哼哼。

　　阿惠問巡房的醫生：「我兒子他……」

　　「能活！壯着呢。就是……」醫生指了指自己的頭，「憋在子宮的時間長了點，智力可能受損。」

　　還真是讓醫生一語言中了，大威果然長得壯實，就是讀書不靈，到中一還串不出幾個英文單詞。請了大學生給他補習，也沒有多大起色。

　　阿松很早就明白，大威不是讀書的料子，主張大威讀完中三就出來學點手藝。松嫂阿惠對大威出生不順常懷歉疚，加上自小就有個大學夢，把圓夢的希望放到下一代，堅持說大威有一天會開竅的。

　　有一次阿松賭氣說：「你就慣着他吧。到時大威沒有一技傍身，你養他！讓他在家當**蛀米大蟲**！」

　　阿惠那時對香港話還不熟，琢磨了一下便不高興：「**蛀米大蟲**……敢情你在咒我兒子是光會吃飯沒用的廢物？」

　　女兒小靜那時還小，人很機靈，馬上就把「**蛀米大蟲**」這個詞活學活用，跑到廚房衝着大威叫起來：「**蛀米大蟲！蛀米大蟲！**」

　　大威這會兒正在往阿惠炒好的肉末豆角裏加上一點調味的欖菜，只顧得上回頭對小靜怒睜雙目。

　　吃飯的時候大家都誇加了欖菜的菜式味道特別。

　　大威說：「加點蜆肉就更美味了。」說着轉身拿出一份廚藝學院的海報，往桌上一拍，「看誰再敢說我是**蛀米大蟲**！」

　　阿惠忙問：「這是所大學嗎？」

　　阿松瞪她一眼：「不讀大學就沒活路了？這種職業學校簡直就是為大威量體裁衣的！我支持你去讀！」

　　小靜又插嘴：「那我哥就不是**蛀米大蟲**了？」

　　大威搛了一筷子豆角甩到妹妹碗裏：「你是不是怕人家當你是啞巴了？快吃你的吧！」

釋義

　　指不事生產的人；引伸指蛀食社會財富的人。貶義詞。對應普通話可形容人「好吃懶做」或「不勞而獲」。

例句

粵語

(1)
Keoi5 bat1 zo2 jip6 seng4 nin4 ， cing4 jyun2 hai2 uk1
佢　　畢　　咗　　業　　成　　年　　，情　　願　　喺　　屋
kei2 daa2 gei1 ， zou6 zyu3 mai5 daai6 cung4 dou1 m4 heoi3
企　　打　　機　　，做　　蛀　　米　　大　　蟲　　都　　唔　去
wan2 gung1 ， gik1 dou3 lou5 dau6 lou5 mou2 zaat3 zaat3
搵　　工　　，激　　到　　老　　竇　　老　　母　　紮　　紮
tiu3
跳

(2)
Go2 di1 taam1 gun1 taam1 dak1 mou4 jim3 ， zik6 cing4
嗰　　啲　　貪　　官　　貪　　得　　無　　厭　　，直　　情
zau6 hai6 se5 wui2 ge3 zyu3 mai5 daai6 cung4 ， sat6
就　　係　　社　　會　　嘅　　蛀　　米　　大　　蟲　　，實
zoi6 hai6 san4 zang1 gwui2 jim3
在　　係　　神　　憎　　鬼　　厭　　！

普通話

(1)
Tā bì yè le yǐ nián ， nìng kě zài jiā
他　　畢　　業　　了　　一　　年　　，寧　　可　　在　　家
li dǎ yóu xì jī wú suǒ shì yě bú
裏　　打　　遊　　戲　　機　　，無　　所　　事　　也　　不
qù zhǎo gōng zuò ， qì de tā lǎo bà lǎo
去　　找　　工　　作　　，氣　　得　　他　　老　　爸　　老
mā zhí tiào jiǎo
媽　　直　　跳　　腳　　。

(2)
Nèi xiē tān guān wèi kǒu tài dà ， jiǎn zhí
那　　些　　貪　　官　　胃　　口　　太　　大　　，簡　　直
jiù shì wēi hài shè huì de zhù chóng ， yín
就　　是　　危　　害　　社　　會　　的　　蛀　　蟲　　，引
qǐ rén shén gòng fèn
起　　人　　神　　共　　憤　　！

8 甩繩馬騮

　　沈伯和蜀生是一對忘年交，但沈伯對蜀生極少談及家事，提到女兒也隨大夥稱呼她為「玉娟小姐」。

　　時間長了，蜀生也聽到了一些風言風語。聽得出來，年輕時的沈伯一旦看不住，就是一隻「**甩繩馬騮**」。

　　沈伯如今七十出頭，看上去帥哥的氣韻猶存。

　　為蜀生解釋「**甩繩馬騮**」的竟是部門新來的慶祥。那天二人談完工作，閒聊時蜀生問起「**甩繩馬騮**」的意思。

　　慶祥詭譎一笑：「說的是沈伯吧？馬騮是香港話說的猴子，甩開了繩子的猴子，要多活躍就有多活躍。這本指淘氣孩子，可用來形容沈伯也再合適不過。」

　　原來沈伯年輕時回內地做生意，只憑一表人才，很多女子都愛和他交往，他包過「小三」。有一個還找來了香港，本來就有病的沈太加重了病情，熬了幾年就走了。

　　女兒玉娟因此怨恨父親，多年不和沈伯來往，姓也隨了母親姓尹。直到沈伯把自己在公司的一部份股權贈與她由她夫妻主理公司，自己退做顧問，關係才勉強維持住了。

　　蜀生聽完不勝唏噓，卻又奇怪：「慶祥你來公司才幾天，怎麼了解得那麼詳細？」

　　慶祥又是一笑：「我還知道沈伯為了留住你，在董事會上讓出股份給尹玉娟呢。」

　　蜀生驚諤得說不出話：「你聽誰說的？」

　　「香港不大，這個圈子更小。誰沒個這個圈內的前同事前前同事？約茶約飯談的不就是這些八卦嗎？我跑過不少碼頭，服氣你的能力和為人。可在香港混，你還得留個心眼為自己準備幾條後路，多和行內的人來往，包括一些……世界女。」

　　「世界女」是指在社會上玩兒得轉、會辦事、有時也會不擇手段的女性。

　　回家蜀生和麗渝視頻，她也疑問：為一個萍水相逢的小子讓出自己的財富為的是哪個原因？至於「世界女」，麗渝咬定指的是洛麗塔。

　　蜀生問：「為甚麼是她？」

　　「直覺……」麗渝很肯定地說，「女人的第六感。」

釋義

馬騮就是猴子。被繩子拴住的猴子尚還老實，一旦甩開繩子，其活躍的天性便得到充份釋放。原指淘氣的孩子，後也形容人失去控制管束的樣子。中性詞。對應普通話可說「脫繮野馬」。

例句

粵語

(1)
Keoi5 taai3 taai2 ping4 si4 deoi3 keoi5 gap6 dou3 sat6 .
佢 太 太 平 時 對 佢 眨 到 實 。
Jat1 dou3 taai3 taai2 m4 hai2 Hoeng1 gong2 , keoi5 zau6
一 到 太 太 唔 喺 香 港 ， 佢 就
seng4 zek3 lat1 sing2 maa1 lau1 gam2 , sei3 wai4 wan2
成 隻 **甩 繩 馬 騮** 嘅 ， 四 圍 搵
di1 lou5 jau5 jam2 zau2 ceoi1 seoi2 .
啲 老 友 飲 酒 吹 水 。

(2)
Go2 go3 sai3 lou6 ning4 se3 jai1 jai1 , jat1 haa5
嗰 個 細 路 寧 舍 曳 曳 ， 一 下
tai2 m4 zyu6 zau6 hou2 ci5 lat1 sing2 maa1 lau1 gam2
睇 唔 住 就 好 似 **甩 繩 馬 騮** 嘅
m4 zi1 dek3 zo2 heoi3 bin1 .
唔 知 趯 咗 去 邊 。

普通話

(1)
Tā tài tai píng shí duì tā dīng de jǐn .
他 太 太 平 時 對 他 盯 得 緊 。
Yí dào tài tai bú zài Xiāng gǎng , tā jiù
一 到 太 太 不 在 香 港 ， 他 就
xiàng fàng shēng de hóu zi , dào chù zhǎo lǎo
像 放 生 的 猴 子 ， 到 處 找 老
péng yǒu hē jiǔ xiā liáo .
朋 友 喝 酒 瞎 聊 。

(2)
Zhè hái zi tè bié táo qì , yí xià zi ,
這 孩 子 特 別 淘 氣 ， 一 下 子 ，
kān bu zhù jiù xiàng tuō jiāng de yě mǎ ,
看 不 住 就 像 脫 繮 的 野 馬 ，
bù zhī pǎo nǎr qù le .
不 知 跑 哪兒 去 了 。

　　自從仙蒂懷了 BB，仙蒂媽天天都樂得合不攏嘴。家裏湯水不斷，讓仙蒂回家補胎。

　　仙蒂和阿培已登記宣誓，是合法夫妻，只欠一個婚宴向天下公告。

　　阿培父母早逝，仙蒂父母便負全責去操辦婚宴的大小事宜。他們心儀的那家酒樓婚宴廳要排到半年之後。仙蒂媽想換一家，仙蒂爸卻不肯，說老闆是他朋友的朋友幾十年的拍檔，這交情怎麼可以不給面子？

　　仙蒂媽拗不過他，只好罵他一句：「死腦筋！不開化！*古老石山*！」

　　仙蒂爸是個循規蹈矩的老香港，一個大家族的兄弟姐妹，都在同一個海味雜貨批發市場做生意，彼此關照幫襯。仙蒂爸為人公道，在市場的名聲很好。

　　仙蒂長大後，市場的親戚朋友常和仙蒂爸打趣：「甚麼時候嫁女別忘了說一聲，一定給個大紅包！」

　　仙蒂爸特別為市場那些親友在仙蒂的婚宴上留了幾桌。

　　得知仙蒂懷孕，仙蒂爸皺起了眉頭：「仙蒂豈不是要大着肚子穿婚紗？」

　　「那又怎樣？人家註了冊是合法夫妻！」仙蒂媽說。

　　我們那時的規矩可是擺過酒才能算正式夫妻的，大着肚子穿婚紗是讓人笑話的呀。人家會說我們的女兒沒家教，丟臉的還不是我們？」仙蒂爸憂心忡忡。

　　仙蒂媽板着臉說：「那我告訴女兒，為了她爸的面子，打掉 BB！」

　　「我有個好主意！」仙蒂爸忽然把手一拍，「在請柬上加一句：二人已於 x 月 x 日註冊登記……」

　　仙蒂媽叫了起來：「請柬早就印好送出去了呀。」

　　仙蒂爸堅持：「再送！花錢重印一批。我朋友的朋友他表哥就是開印刷廠的，這行字非加不可！我可不想讓人在背後指指點點的。」

　　「死腦筋！不開化！*古老石山*！」仙蒂媽除了罵這幾句，氣得說不出別的。

　　仙蒂爸反而很得意：「我們這種人家的臉面比甚麼都要緊！*古老石山*又怎麼了？我就古老到底了。」

釋義

指思想僵化、死抱着過時殘缺規則的人。貶義詞。對應普通話可形容人「食古不化」。

例句

粵語

(1)
Keoi5 faan2 deoi3 neoi5 pang4 jau5 zoek3 bun3 lo2 lou6 ge3
佢　　反　　對　　女　　朋　　友　　着　　半　　裸　　露　　嘅
saam1 heoi3 caam1 gaa1 pang4 jau5 ge3 zeoi6 wui6 。 Keoi5
衫　　去　　參　　加　　朋　　友　　嘅　　聚　　會　　。　佢
m4 hai6 **gu2 lou3 sek6 saan1** ， zi2 hai6 gok3 dak1
唔　係　**古　　老　　石　　山**　，　只　　係　　覺　　得
go2 gin6 saam1 m4 hai6 gei2 ngaam1 go2 go3 coeng4
嗰　　件　　衫　　唔　係　　幾　　啱　　嗰　　個　　場
hap6
合　。

(2)
Aa3 je4 seng4 baak3 seoi3 ， hok6 zo2 jung6 sau2 gei1
阿　　爺　　成　　百　　歲　　，　學　　咗　　用　　手　　機
lau3 di1 syun1 si6 pan4 。 Bin1 go3 gam2 waa6 keoi5
嘍　　啲　　孫　　視　　頻　　。　邊　　個　　敢　　話　　佢
hai6 **gu2 lou3 sek6 saan1** ？
係　**古　　老　　石　　山**　？

普通話

(1)
Tā fǎn duì nǚ péng yǒu chuān bàn luǒ lù de
他　反　對　女　朋　友　穿　半　裸　露　的
yī fu qù cān jiā péng you jù huì 。 Tā
衣　服　去　參　加　朋　友　聚　會　。　他
bú shì sī xiǎng bǎo shǒu ， ér shì rèn wéi
不　是　思　想　保　守　，　而　是　認　為
yī fu zài nèi zhǒng chǎng hé bù tài hé
衣　服　在　那　種　場　合　不　太　合
shì
適　。

(2)
Yé ye jìn bǎi suì le ， xué huì le yòng
爺　爺　近　百　歲　了　，　學　會　了　用
shǒu jī yuē sūn bèir shì pín 。 Shéi gǎn shuō
手　機　約　孫　輩　兒　視　頻　。　誰　敢　說
tā sī xiǎng shǒu jiù ？
他　思　想　守　舊　？

新同事慶祥人機靈，工作也賣力。

蜀生在〈枕住嚟做〉中決定和北歐小城開展生意，那邊來了幾份訂單，蜀生把跟進的事交給了慶祥。

不久蜀生又收到幾家北歐公司訂貨的電郵，他「聚沙成塔」的設想逐步落實，他高興，沈伯更高興自己沒看錯人。

沈伯對慶祥總是不冷不熱的。一次午飯吃西餐時，他讓蜀生自己跟進後面那幾家公司的生意。

「為甚麼？」

沈伯呷了一口茶：「慶祥在這行其實年頭不算短了，行內稱他『*濕水欖核*』總有道理的。」

他拿起桌上的橄欖油瓶說：「見過橄欖的核嗎？它兩頭尖，不易握在手中，沾了水的核就更難掌握了，隨時可利用兩頭尖端滑走……」

蜀生得知自己升職與沈伯有關，未弄清真相前對沈伯也有點忌諱，這時便應付着「哦哦」。

他對沈伯的話有保留意見。

蜀生不希望別人認為自己靠關係擢升，更用心去開拓別的生意證明自己的實力。北歐那幾家公司有封郵件是俄文的，慶祥懂一點俄文，蜀生便把那些生意交給了慶祥。

過了幾天慶祥告訴蜀生，俄文那家公司要求出貨的價錢還算合理。

蜀生正忙得焦頭爛額，匆匆點頭道：「那就出貨吧。」

出貨單在部門經理甘仔那兒卡住了。慶祥問了兩次，甘仔只說還要研究一下。後來甘仔告訴蜀生，沈伯把俄文郵件要去了。

幾天沒有動靜，慶祥有點兒緊張。又過了幾天，慶祥交了辭職信。

沈伯事後說：「我對他仁至義盡，他炒公司比公司炒他好聽點。」

原來慶祥提高了俄公司的要價，想「食夾棍」把中間落差裝進自己口袋。據說他在別的公司就有過這種前科。

蜀生吃驚：「真的嗎？」

沈伯嚴肅起來：「香港不大，這個圈子更小。誰沒個這個圈內的前同行前前同行？約茶約飯談的不就是這些八卦嗎？」

他的話與慶祥說的只差了一個字。

沈伯嘆了一口氣：「我早就提醒過，他是『**濕水欖核**』。你聽進去了嗎？」

蜀生紅了臉：「『**濕水欖核**』原來是這麼個意思。」

釋義

濕了水的欖核尖滑，容易在手中從兩頭滑走。指一些滑頭、投機的人。也可指孩子過份淘氣。貶義詞。對應普通話可形容為「兩頭討巧」、「調皮搗蛋」。

例句

粵語

(1) Tung4 keoi5 daa2 gwo3 gaao1 dou6 ge3 jan4 dou1 zi1，
同　佢　打　過　交　道　嘅　人　都　知　，
keoi5 hai6 zou6 dak1 je5 bat1 gwo3 wai4 jan4 zau6
佢　係　做　得　嘢　，不　過　為　人　就
ci5 sap1 seoi2 laam2 wat6 gam2 leong5 tau4 waat6，zaan6
似　**濕　水　欖　核**　瞰　兩　頭　滑　，賺
saai6 loeng5 bin6 di1 zoek6 sou3．
晒　兩　便　啲　着　數　。

(2) Go3 sai3 lou6 gwai2 gam6 saang1 maang3，sau2 goek3 mou5
個　細　路　鬼　咁　生　猛　，手　腳　冇
si4 ting4 ge2，m4 gwaai3 dak1 di1 jan4 giu3 keoi5
時　停　嘅　，唔　怪　得　啲　人　叫　佢
zou6 sap1 seoi2 laam2 wat6 laa1．
做　**濕　水　欖　核**　啦　。

普通話

(1) Hé tā dǎ guo jiāo dào de rén dōu zhī yě
和　他　打　過　交　道　的　人　都　知　也
dao，tā shì néng gàn，dàn wéi rén lái zhuàn
道　，他　是　能　幹　，但　為　人　來　轉
ài qù tóu zhàn jī shuǎ jìn huá piàn yi biān zhuàn
愛　去　投　佔　機　要　盡　滑　便　宜　邊　轉
，liǎng
，兩

(2) Nà hái zi tài hào dòng le，zǒng shì shóu
那　孩　子　太　好　動　了　，總　是　手
jiāo bù tíng huó yuè de，guài bu guò rén jué
腳　不　停　活　躍　得　，怪　不　過　人　覺
de tā dé fèn le
得　他　得　份　了
yǒu
有

11 掬氣蟛蜞

劉先生劉太的兒子光仔，自小就安靜，讀書更是不需大人操心，他在香港順利讀完大學，還到英國讀取了博士學位，回港就在大學裏任教。

一次茶敍時，一個堂弟婦使勁地誇讚光仔，劉太心裏樂開了花，嘴上卻要謙虛一下：「你就別誇他了。你們不知道他在家裏有多悶，從小就不愛說話，就是受了委屈也只會憋在心裏，十足是一隻**掬氣蟛蜞**！」

弟婦說話直來直去：「喲，那性格不就跟大哥一樣？生氣也只在心裏。你家養了兩隻**掬氣蟛蜞**呢！」

劉太便不高興了：「你的意思是我在家裏欺負你哥了？」

弟婦一愣，馬上變了口風：「哪兒的話！我是說你打點這個家太不容易了……來，阿嫂我敬你一杯！」

一走出茶樓弟婦卻對人說：「你看阿嫂那份強勢，父子倆不就只能當**掬氣蟛蜞**了嗎？」

再說劉太喝完茶回家，見光仔正躺在沙發上刷手機。自從他說做學問需要「疊埋心水」搬出去住，很少在這個鐘點回家。

「有事嗎？」劉太問了幾次，光仔都只是在喉嚨咕嚕了一聲，神氣很不開心。

劉太急了：「有甚麼事你說出來嘛，像**掬氣蟛蜞**那樣會憋壞身體的……」

光仔在沙發上一躍而起：「阿雯和我分手了……她嫌我悶，也罵我是……**掬氣蟛蜞**！」

「鋼琴老師阿雯？你就不能把人家哄回來？」

光仔搬出去住後，劉太也介紹過幾名相親的女子，卻沒一個合光仔眼緣。阿雯是自己相中的，他堅決不肯放棄。

光仔深知「愛」是講不出多少道理的，他尊崇的英國作家毛姆就說過：「……我知道你是個二流貨色，然而我愛你。」

何況阿雯絕不是二流的呢。

但這故事已是補敍了。後面光仔果然把阿雯哄得回心轉意。前面的〈三尖八角〉裏，兩人不還一塊兒去買婚房了嗎？

釋義

　　「掬」，指憋着；「蟝蟝」即蛤蟆。蛤蟆常鼓腮憋氣，那樣貌就像是受了委屈也憋着不往外撒。坊間也有把「掬」寫成「谷」的。貶義詞。對應普通話可形容為「愛生悶氣」或「悶嘴葫蘆」。

例句

粵語

(1) Keoi5 fan6 jan4 seng4 zek3 guk1 hei3 kam4 keoi2 gam2，
佢　　份　　人　　成　　隻　　掬　　氣　　蟝　　蟝　　嘅，
seng4 jat6 nap1 seng1 m4 ceot1。Nei5 dei6 heoi3 tung4
成　　日　　粒　　聲　　唔　　出。你　　哋　　去　　同
keoi5 king1 haa5，hoi1 dou6 haa5 keoi5 laa1。
佢　　傾　　下，開　　導　　下　　佢　　啦。

(2) Zan1 hai6 bei2 keoi5 ni1 faan1 waa6 gik1 dou3 jat1 tou3
真　　係　　俾　　佢　　呢　　番　　話　　激　　到　　一　　肚
hei3 jau6 mou5 deng6 ceot1 hei3，seng4 zek3 guk1 hei3
氣　　又　　冇　　埞　　出　　氣，成　　隻　　掬　　氣
kam4 keoi2 gam2 lo1。
蟝　　蟝　　嘅　　囉。

普通話

(1) Tā nèi ge rén jiù aì shēng mèn qì，chéng
他　那　個　人　就　愛　生　悶　氣，成
tiān yì shēng bù kēng。Nǐ men qù hé tā
天　一　聲　不　吭。你　們　去　和　他
tán tan，kāi dao kāi dao tā。
談　談，開　導　開　導　他。

(2) Tā yì fān huà ràng rén biē le yí dù zi
他　一　番　話　讓　人　憋　了　一　肚　子
qì yòu méi dì fang sā qì，dù zi dōu
氣　又　沒　地　方　撒　氣，肚　子　都
qì de gǔ qǐ lai le。
氣　得　鼓　起　來　了。

12 過氣老倌

〈扚起心肝〉的楊先生阿楊曾因公司天秤出事，心神受損，連頭髮也幾乎掉光了。公司批准他休息了半年。

楊太太看他半年後還是緩不過來，乾脆讓他辭了職。

這樣一呆便是兩三年。

這天阿楊大學的「老朋兼死黨」偉龍從加拿大回香港，約了幾個要好的舊友飯敍。老朋友百無禁忌，嘻嘻哈哈的便拿阿楊的頭髮說笑。

有的說：「阿楊你那是不毛之地啊！」

有的說：「阿楊是十個光頭九個富的九分之一！」

只有偉龍一本正經地說：「人家那是『聰明絕頂』呢。不記得了？讀書那會兒咱們借錢投標過一個年宵攤檔，要不是阿楊領着我們從內地進了一批小飾物，那次別說賺錢了，非賠不可！」

朋友們便又起哄：「阿楊有生意頭腦！你也在建築機械界混了這麼些年了，在業界也有名氣，怎麼就沒想過自己出來當老闆？」

楊太連忙出來接話：「快別提他那點名氣了。他閒了幾年，不問世事，早就是**過氣老倌**了。」

偉龍認真地說：「阿嫂你是最了解阿楊的。他那腦袋，要真出來幹，撿回業務還不是分分鐘的事？我這次回來，就是看能不能和兄弟們合夥開個公司，把加拿大的先進建築機械引進內地……」

「打住！」一直沒怎麼說話的阿楊開口，「內地『基建狂魔』可不是浪得虛名的，甚麼機械沒有？不過中國那麼大，我留意到一些小鄉鎮的城市改造，倒是用得上小型的建築機械，弄個小公司幹幹，興許會有市場……」

「快說來聽聽……」大家都有了興趣。

偉龍悄悄對楊太說：「阿楊怎麼是**過氣老倌**呢？他的看法多貼近潮流啊。」

「你快別誇他了……」楊太嘴上應付着，心裏卻想：「原來他天天在家裏發呆，琢磨的還是『創業』的事。大海針，還得數是男人心啊。」

釋義

「老倌」原是粵劇對名伶的稱呼。此詞原指戲曲界曾走紅、後來名聲衰微的藝人。後引申指曾風光過、但後來已名氣漸衰的人。 貶義詞。對應普通話可說「失勢的人」。

例句

粵語

(1) Sap6 gei2 nin4 cin4 keoi5 zau6 hai6「jat1 jan4 zi1 haa6, maan6 jan4 zi1 soeng6」ge2. Bat1 gwo3 ji4 gaa1 keoi5 ji5 ging1 teoi3 lok6 jik1 coeng4, gwo3 hei3 lou5 gun1 di1 waa6 zung6 jau5 jan4 teng1 me1?

十幾年前佢就係「一人之下，萬人之上」嘅。不過而家佢已經退落職場，過氣**老倌**啲話仲有人聽咩？

(2) Keoi5 nin4 gei2 seoi1 jin4 daai6 di1, daan6 hai6 zi1 bat1 zung6 hai6 hou2 sai1 lei6, bin1 hai6 gwo3 hei3 lou5 gun1 aa3!

佢年紀雖然大啲，但係枝筆仲係好犀利，邊係過氣**老倌**呀！

普通話

(1) Shí jǐ nián qián tā de dì wèi què shì「yī rén zhī xià, wàn rén zhī shàng」, kě xiàn zài tā yǐ jīng tuì xià zhí chǎng, guò qì rén wù shuō de huà, nǎr hái yǒu rén tīng a.

十幾年前他的地位確是「一人之下，萬人之上」，可現在他已經退下職場，過氣人物說的話，哪兒還有人聽啊。

(2) Tā nián jǐ suī rán dà le diǎnr, dàn bǐ tóu hái hěn lì a, nǎ li shì guò qù shì rén wù a!

他年紀雖然大了點兒，但筆頭還很利啊，哪裏是過去式人物啊！

三、人物稱呼類

13 倒米壽星

dou2　mai5　sau6　sing1

公司財務部新來了個女同事，大家都叫她小妹。她本在美國讀會計，沒畢業就扯起了哪根筋非要回香港不可。後來又不知她搭上了甚麼關係，讓公司總裁米高介紹到公司上班了。

這是小妹的第一份工，沒經驗加上做事不很仔細，做的財務表格不時會多個零少個零。財務部主管 Helen 海倫對她很有些惱火，但懶得去得罪「黃馬褂」（指與公司高層沾親帶故的人），常要加班複核小妹做的表格。

一天海倫在茶水間碰到一個年紀稍大的女同事，說起小妹就嘆氣：「誰給財務部找的這個**倒米壽星**？存心招來尋仇的……啊，小妹！」

小妹進來正好聽到了，便追着問：「誰？誰來和海倫姐尋仇？甚麼叫**倒米壽星**？」一連串的問題，十足是個「問題少女」。

海倫和那位女同事尷尬地退了出去。

小妹卻追着那位大姐不放，她只好告訴小妹：「**倒米壽星**嘛，是說專幫倒忙、製造損失的人。」

小妹認真地想了想：「那財務部有**倒米壽星**嗎？」

大姐便開玩笑地點點小妹的額頭：「**倒米壽星**不就是你嗎？看你做的每份表不是小數點移了位就是多加了個零……」

「啊？真的？」小妹大吃一驚，急跑去找海倫。

海倫正對着小妹剛做的一份表發愁。小妹把一個項目的收入算了雙倍，這一來全部有關的數字都得從頭算過。

小妹一把奪過表格，連連向海倫鞠躬；「不好意思不好意思，我拿回去再核對一遍……我給添麻煩了，真是**倒米壽星**！」

小妹快人快語的，這鬼妹仔性格的故事一傳開，公司同事反覺得她有些可愛。後來才知道，她只是碰巧和老闆米高在高鐵上同座，聊了一路，毛遂自薦到公司的。

得知了這個消息海倫大為光火：啊？原來不是黃馬褂！白白忍了她這許久！後又想：這小妹倒也不令人討厭，有錯肯改，就多調教調教吧。

香港粵語趣談

📖 釋義

「倒米」指把事情敗壞，這個詞指令自己一方利益受損的人。

也可指淘氣的孩子。貶義詞。對應普通話可說「惹禍的人」或「淘氣鬼」。

✏️ 例句

粵語

(1)
Ni1　go3　dou2　mai5　sau6　sing1　zan1　hai6　lo2　meng6　!
呢　　個　　*倒*　　*米*　　*壽*　　*星*　　真　　係　　攞　　命　　！
Zyun1　hai6　jung6　sek6　zai2　heoi3　deng3　jan4　dei6　di1　bo1
專　　係　　用　　石　　仔　　去　　掟　　人　　哋　　啲　　玻
lei4　coeng1　cin2　dou1　pui4　sei2　keoi5　aa3　baa4　aa3
璃　　窗　　，　　錢　　都　　賠　　死　　佢　　阿　　爸　　呀。

(2)
Go2　go3　sau6　fo3　jyun4　taai3　dou6　gam3　caa1　，　ceng2？
嗰　　個　　售　　貨　　員　　態　　度　　咁　　差　　，　　請？
keoi5　faan1　lei4　hai6　tung4　gung1　si1　gon2　haak3　gaa4
佢　　返　　嚟　　係　　同　　公　　司　　趕　　客　　嘎
Fan1　ming4　hai6　go3　dou2　mai5　sau6　sing1
分　　明　　係　　個　　*倒*　　*米*　　*壽*　　*星*。

普通話

(1)
Zhèi　ge　tǒng　lóu　zi　de　jiā　huo　zhēn　shì　yào
這　　個　　捅　　婁　　子　　的　　傢　　伙　　真　　是　　要
rén　le　mìng　le　！　Lǎo　yòng　shí　zi　qù　zá
人　　了　　命　　了　　！　　老　　用　　石　　子　　去　　砸
bō　li　jiā　de　chuāng　péi　sǐ　tā
玻　　璃　　家　　的　　窗　　賠　　死　　他
dōu　yào　péi
都　　要　　賠

(2)
Nèi　ge　shǒu　huò　yuán　tài　dù　zhè　me　chà　，
那　　個　　售　　貨　　員　　態　　度　　這　　麼　　差　　，
qǐng　tā　huí　lai　shì　tì　gōng　sī　gǎn　dào　máng
請　　他　　回　　來　　是　　替　　公　　司　　趕　　倒　　忙
de　ma　Fēn　míng　jiù　shì　ge　bāng　de
的　　嗎　　分　　明　　就　　是　　個　　幫　　的

14 砂煲兄弟

阿楊大學時代的好友偉龍從加拿大回港，和幾個朋友籌劃着成立自己的公司，專攻內地小鄉鎮的生意。大家的興致都很高，說相識於微時，年輕時是共同患難的**砂煲兄弟**，現在踏入經驗豐富的中年，事情不怕辦不成。

開頭時大家合作得不錯，分頭去做了市場調查，了解了貨的來路去路和價格。認真一番才發現，早已有一家外國公司用同類產品開發了內地的鄉鎮市場了。

朋友中阿甲說洩氣話：「還以為喝頭啖湯（第一口湯）呢，這一來只能喝湯渣了。」

阿楊說：「他的定價較高，銷路也只集中在兩三個沿海省份。如果我們有決心開拓西北，還是大有可為的。」

另一個朋友阿乙反對：「西北？首先交通就不方便，再說那些窮鄉僻壤，也未必用得起這種進口機械。」

阿楊說：「所以嘛，咱們可以考慮把價錢降下來，先打開銷路，爭取『薄利多銷』……」

偉龍也同意：「對，有麝自然香，打開了名堂上門的人自然就會多。」

阿楊說現在內地網購都流行「先用後付款」的方法，還可以考慮用分期付款的方法吸引用家。

阿楊話沒說完阿丁就連連搖頭：「不行不行，我入股的錢是向人借的，急着回本。這麼幹我就只能退股了……」

你一言我一語的，偉龍急了：「還沒開始就打退堂鼓了，往後還怎麼幹？還是**砂煲兄弟**呢。」

阿甲便在鼻子裏哼了哼：「不就是**砂煲兄弟**嗎？砂煲不結實，一捅就破的……」

那天不歡而散。

阿楊一心想把事情辦成，先勸住偉龍，又找了另外幾位分頭談了他所調查的新資料。幾位終於回心轉意同意坐下來好好商量。

那天大家喝了點酒，回憶起年輕時候的往事，都有點感觸，說：「幾十年的**砂煲兄弟**了，有甚麼話不能好好說？」

楊太正好端上一鍋熱菜，大聲接話道：「各位**砂煲兄弟**小心燙着！我這是砂煲雞！」

📖 釋義

本指一些窮苦的人圍着砂鍋煮食的交情，後指一塊兒經歷過艱難困苦結下情誼的人。這時是褒義詞。也有一種解釋指砂鍋一捅就破，指友情並不牢靠。這時是貶義詞。對應普通話可說「鐵哥兒們」或「泛泛之交」。

✏️ 例句

粵語

(1) 阿（Aa3）爸（baa4）話（waa6）佢（keoi5）啲（di1）生（saang1）意（ji3）今（gam1）次（ci3）可（ho2）以（ji5）大（daai6）步（bou6）躝（laam3）過（gwo3），全（cyun4）靠（kaau3）一（jat1）班（baan1）*砂*（saa1）*煲*（bou1）*兄*（hing1）*弟*（dai6）夾（gaap3）錢（cin2）幫（bong1）佢（keoi5）渡（dou6）過（gwo3）難（naan4）關（gwaan1）。

(2) 我（Ngo5）哋（dei6）係（hai6）*砂*（saa1）*煲*（bou1）*兄*（hing1）*弟*（dai6）嚟（lei4）㗎（gaa3）嘛（maa3），無（mou4）謂（wai6）為（wai6）呢（ni1）啲（dit1）多（do1）小（siu2）事（si6）傷（soeng1）咗（zo2）感（gam2）情（cing4）。

普通話

(1) 爸（Bà）爸（ba）說（shuō）他（tā）的（de），生（shēng）意（yì）這（zhèi）次（cì）可（ké）以（yǐ）順（shùn）利（lì）過（guò）渡（dù），全（quán）靠（kào）一（yì）幫（bāng）鐵（tiě）哥兒（gēr）們（men）湊（còu）錢（qián）幫（bāng）他（tā）渡（dù）過（guo）難（nán）關（guān）。

(2) 我（Wǒ）們（men），是（shì）交（jiāo）情（qing）要（yào）好（hǎo）的（de）兄（xiōng）弟（dì）嘛（ma），不（bú）要（yào）為（wéi）些（xiē）小（xiǎo）事（shì）傷（shāng）了（le）感（gǎn）情（qíng）。

15 單身寡佬

　　快過年了，公司宣佈提前收爐放假。米高和玉娟小姐已提早幾天離開香港，到英國看望在那兒讀書的兒女。大老闆不在，公司裏的氣氛不知何故便添了些輕鬆。

　　在茶水間喝咖啡喝茶閒聊的同事也比往日多了，沈伯更是常在那兒出現和大家說笑。

　　閒談時，不免會談到各人的過年打算。

　　蜀生打算回成都去看望父母，還要和女朋友麗渝好好聚聚。說來兩人也有近半年不見了。上次見面還是麗渝來香港出差，多留了幾天。

　　新同事小妹才十八九歲，大大咧咧地問道：「沈伯，你怎麼不和玉娟小姐他們到英國過年啊？」

　　茶水間的空氣凝固了，突然靜了下來。在公司呆久了的人都多少知道些沈伯父女倆的家事，他們就是生意上的拍檔，父女親情早就所剩無幾了。

　　蜀生一時無語，只好低頭猛喝了幾口茶。

　　有個老同事背過身去，用唇語向他示意：真是哪壺不開提哪壺。

　　小妹沒心沒肺的，大家平日也愛和她逗幾句。小妹便趁機撒嬌：「沈伯我要給您和沈伯母拜年，我可是要討封大『利是』的呀……」

　　沈伯從容地呷了一口咖啡：「我**單身寡佬**，四海為家。在哪兒過年不一樣？」

　　小妹繼續着她的無知無畏：「您不帶着太太呀……」

　　蜀生忍不住要為沈伯解圍，半開玩笑地喝住了小妹：「財迷！要『利是』嗎？到時我封給你！」

　　「你又沒結婚，有甚麼資格封『利是』啊？」

　　話題岔開，大家也就邊說邊散了。

　　沈伯叫住了蜀生，特意對他說了聲：「謝謝！」

　　蜀生邀請沈伯和他回成都過年：「喝幾口我們成都的鮮菌燉湯。」

　　「不了，我不做電燈膽(不通氣不懂事)，你就好好陪陪麗渝吧。初戀的感情最真摯，好好珍惜。別像我似的最後落個**單身寡佬**的下場……」

　　他眨眨眼：「放心，過年我有喝靚湯的去處……」

　　說罷轉身，用他招牌式的身姿揚長而去。

　　蜀生看着他的背影，對沈伯的故事又多了幾分疑問。

指沒有女性陪伴、獨自生活的男性。中性詞。 對應普通話可說「單身漢」或「王老五」。

例句

粵語

(1)
Lau4	haa6	bou2	haai4	go2	go3	aa3	baa3	，	seng4	sai3
樓	下	補	鞋	嗰	個	阿	伯	，	成	世

jau4	daan1	san1	gwaa2	lou2	，	zing6	hai6	dak1	go3	zat6
人	**單**	**身**	**寡**	**佬**	，	淨	係	得	個	侄

zai2	zau1	bat1	si2	lei4	taam3	haa5	keoi5	.
仔	周	不	時	嚟	探	下	佢	。

(2)
Ngo5	daai6	baak3	mou5	sing4	gaa1	，	seoi1	jin4	hai6	**daan1**
我	大	伯	冇	成	家	，	雖	然	係	**單**

san1	gwaa2	lou2	，	daan6	geoi1	jin2	sik1	dak1	zou6	zi6
身	**寡**	**佬**	，	但	居	然	識	得	做	自

gei2	zek3	di1	saam1	.
己	着	啲	衫	。

普通話

(1)
Lóu	xià	bǔ	xié	de	ā	bó	，	yí	bèi	zi
樓	下	補	鞋	的	阿	伯	，	一	輩	子

dōu	shì	yí	ge	rén	guò	，	zhí	yǒu	ge	zhí
都	是	一	個	人	過	，	只	有	個	侄

zi	bù	shí	lái	kàn	kan	tā	.
子	不	時	來	看	看	他	。

(2)
Wǒ	dà	bó	méi	chéng	guo	jiā	，	suī	rán	shì
我	大	伯	沒	成	過	家	，	雖	然	是

ge	dān	shēn	hàn	，	kě	shì	jìng	rán	huì	zuò
個	單	身	漢	，	可	是	竟	然	會	做

zì	jǐ	chuān	de	yī	fu	.
自	己	穿	的	衣	服	。

四、人物性格類

1 惡屎睖瞪

〈行行企企〉中說到阿敏是公司老員工，上下都給她幾分面子，「敏姐敏姐」的叫得又親熱又尊重。只是阿敏只讀到中三，在教科書出版公司只能做些雜務，幾十年來從助理文員升到三級，她自認很難再晉升了。好在她想得開，只要「敏姐」地位不變，薪酬每年能加一點，她沒有其他的想頭。

行政部人事幾番新，每個主管都是一口一個「敏姐」，讓她聽着舒服，呆得安心。

可是近期阿敏想辭職。原因是新來的主管 Joe 佐伊對她態度很差。他不知混了哪一國的爸爸，嘴大鼻尖，直呼她「阿敏」時份外**惡屎睖瞪**。吩咐她做事時說着說着就用了英文，還不時反問她「Do you understand?」（你明白了嗎）阿敏的英文是「有限公司」，常聽得心驚膽戰，覺得那時的佐伊嘴更大鼻更尖，神氣也更**惡屎睖瞪**。

阿敏打聽到佐伊以前是做樓盤銷售的，升起幾分驕傲：去！不就是個賣房的嗎？工作還沒我這個文員穩定呢。這一來就更不甘讓佐伊**惡屎睖瞪**地呼呼喝喝。

阿敏以「身體不好」的原因交了辭職信。人事部主管姬瑪把她叫來說：「怎麼那麼巧？佐伊說你也是有經驗的老員工了，剛提議要升你做二級文員。看來這名額只好……」

阿敏瞪大了眼：「真的？」

姬瑪點頭：「人家是行政管理學博士，看人做事有自己一套。」

阿敏一把搶回自己的辭職信：「這事就當沒發生過！」

出門正好遇上佐伊，他大聲叫道「阿敏 Why are you here?（你怎麼在這兒）讓你訂裝的文件弄好了嗎？」

「馬上就好……」阿敏聽着「阿敏」的稱呼，似乎順耳多了，佐伊似乎也並不**惡屎睖瞪**了。她只是想不通：一個博士，怎麼會去賣樓呢？那是她這個中三生也能幹的呀。

阿敏搖搖頭：「不明白鬼仔是怎麼想的。」正如她也不明白佐伊怎麼會給她升職加薪。

📖 詞義

「惡屎」由「惡死」而來;「睖瞪」,怒視也,此詞形容人兇惡的樣子。坊間也有寫成「惡屎能登」的。貶義詞。對應普通話可說「兇神惡煞」。

✏️ 例句

粵語

(1) 佢買餸唔中意去街市門口嗰檔。有兩個賣菜嘅女人鬼咁**惡屎睖瞪**,中意鬧人。

Keoi5 maai5 sung3 m4 zung1 ji3 heoi3 gaai1 si5 mun4 hau2 go2 dong3. Jau5 loeng5 go3 maai6 coi3 ge3 neoi5 jan2 gwai2 gam3 ngok3 si2 lang4 dang1, zung1 ji3 naau6 jan4.

(2) 阿爺個樣有啲**惡屎睖瞪**,其實唔知幾錫啲孫仔。

Aa3 je4 go3 joeng2 jau2 di1 ngok3 si2 lang4 dang1, kei4 sat6 m4 zi1 gei2 sek3 di1 syun1 zai2.

普通話

(1) 她買菜不喜歡去菜市場門口那個檔舖。那兒有兩個女人兇神惡煞的,老愛罵人。

Tā mǎi cài bù xǐhuan qù cài shìchǎng mén kǒu nà ge dàng è shà de. Nàr yǒu liǎng ge nǚ rén xiōng shén è shà de, lǎo ài mà rén.

(2) 爺爺的樣子看上去兇巴巴的,其實不知道多疼愛他的孫輩兒。

Yé ye de yàng zi kàn shang qu xiōng bā bā de, qí shí bù zhī dao duō téng ài tā de sūn bèir.

2 沙塵白霍

　　阿松家的大兒子大威愛以「男人老狗」自居，他也愛參加一些全男班的體育活動，比如足球、橄欖球。凡有他喜歡的外國球隊來香港比賽或者表演，他就千方百計購票去現場觀看，為攢錢買票不惜放棄逛街吃飯購物。

　　看完球賽，大威能興奮好幾天，不住地描述現場的氣氛和他球星偶像的一舉一動。

　　阿惠說他：「花那麼些錢，值嗎？在家看電視轉播不也一樣嗎？」

　　阿松站到兒子一邊，說：「那你就不懂了！電視轉播出不了現場的氣氛。何況現場還能和偶像互動，說不定還能一起照張相或者拿個簽名呢。」

　　大威便很得意：「看，我們男人老狗就是比女人明白。」

　　近日有支外國俱樂部的足球隊來港踢表演賽，票很快就讓搶光了，大威輾轉託了好幾個朋友，才多花了錢買到一張黃牛票。那天他穿上了印有偶像頭像的球衣，高高興興地出去了。回家的時候卻沉着臉罵罵咧咧，把球衣扯下來扔到地上。

　　阿惠正好在家，問：「怎麼了？」

　　阿松早就在手機上看到消息：「他的偶像沒下場唄。」

　　大威扯着嗓子吼叫：「太氣人了，他不把球迷當一回事！全場就把手揣在褲兜，哼！**沙塵白霍**……」

　　阿惠便問：「**沙塵白霍**？球場很大沙塵嗎？」

　　「哎呀，說的是那傢伙目中無人，驕傲自大！」

　　阿惠心疼那張入場券：「幾千塊錢就看了個**沙塵白霍**，也太貴了。」

　　阿松看得透：「他那副嘴臉背後可能有原因……」

　　「我不管……」大威發脾氣：「收錢不幹事，不按合約出場，還要讓粉絲看臉色。我那些朋友都覺得受騙上當了，要求退款！」

　　阿松嘆氣：「那些明星啊，球星啊，就是讓你們這些追星族給慣壞的！」

　　大威求道：「人家都難受死了。阿爸你就少說兩句吧。」

　　阿惠安慰道：「那些錢就當是破財擋災吧……」她又勸兒子，「不去生那個氣。好好練練廚藝，咱也**沙塵白霍**讓他看看！」

　　大威又要和阿媽吵了：「這個詞是這麼用的嗎？！」

原說人愛誇誇其談，後也指人的態度輕浮、驕傲。貶義詞。對應普通話可說「狂妄囂張」。

例句

粵語

(1) Keoi5 gwaa3 jyu6 gong2 zi6 gei2 dim2 lek1 dim2 lek1 ，
佢 掛 住 講 自 己 點 叻 點 叻 ，
saa1 can4 baak6 fok3 dou3 lin4 keoi5 taai3 taai2 dou1 ding2
沙 塵 白 霍 到 連 佢 太 太 都 頂
keoi5 m4 seon6 .
佢 唔 順 。

(2) Zou6 jan4 dou1 hai6 him1 di1 hou2 ， **saa1 can4 baak6**
做 人 都 係 謙 啲 好 ， **沙 塵 白**
fok3 ge3 jan4 hou2 naan4 gaau1 dou2 zan1 sam1 ge3 pang4
霍 嘅 人 好 難 交 到 真 心 嘅 朋
jau5
友 。

普通話

(1) Tā yí gè jìnr de jiǎng zì jí zěn me xíng
他 一 個 勁兒 地 講 自 己 怎 麼 行
zěn me xíng bu liǎo jiāo kuáng dào lián tā tài tai
怎 麼 行 ， 驕 狂 . 到 連 他 太 太
dōu shòu bu liǎo le
都 受 不 了 了 。

(2) Zuò rén hái shì qiān xū diánr hǎo ， nà xiē
做 人 還 是 謙 虛 點兒 好 ， 那 些
jiāo ào kuáng wàng de rén hěn nán jiāo dào zhēn
驕 傲 狂 妄 的 人 很 難 交 到 真
xīn de péng you
心 的 朋 友 。

小妹兩三歲跟父母移民去美國，家裏平時都說粵語，她一口香港話尚算流利，書寫就只能用英文了。

她對各種香港習俗尤其感興趣，常拉着同事問這問那，而且還打破砂鍋問到底。

三月驚蟄時，網上相關的資訊鋪天蓋地的，小妹對銅鑼灣鵝頸橋下「打小人」的俗例特別好奇，特地向海倫請了半天假前去觀看，說要向那些被稱做「神婆」的師傅學習如何打小人，然後去打她的前男友。

海倫問：「前男友對你用了甚麼下三濫手段了嗎？」

「那倒沒有。他請我吃了『麥當勞』，說我們不合適，該分手了。」

「那他不算是小人，不該挨打。」

「可他把我甩了呀……不行！我得去打他出出這口氣！」話沒說完小妹就衝了出去。

海倫望着她背影搖頭：「*神神化化*的……」

小妹跑到鵝頸橋，問遍了神婆：打小人要用甚麼工具？口中要唸甚麼詞？打男的打女的力度有區別嗎？一個月能掙多少錢……她也不白問人，給每個人都付了一百塊錢學費，還做了筆記。

神婆們看她跑來跑去忙得一頭是汗，好生奇怪：做過那麼些生意，沒一個像這小女孩那樣*神神化化*的。

第二天小妹又跑去向海倫請三天事假，原因是她要親自坐到鵝頸橋下，體會「打小人」的各種感受。

「如果 feeling(感覺) 好，我就辭職。到那兒當神婆也能謀生，在這兒幹太悶了。」

海倫倒吸了一口冷氣：這是走火入魔了嗎？於是阻攔她：「你還沒做夠一年，請假是要扣錢的……」

「扣吧。就當我是花錢買快樂！」

這事很快就在公司傳了。大家都困惑：這小妹在想甚麼呢？*神神化化*的……

不到兩天小妹就自動回來上班了。她哭喪着臉說，原來掄胳膊打小人也挺累的，才打了一天，她的手就痠得抬不起來了。

大家聽完便哈哈大笑，只把她當是個淘氣的小妹妹。

從此公司的江湖便流傳了「*神神化化*小妹」的故事。

做的事神秘，令人奇怪，不可解釋。貶義詞。對應普通話可說「神神叨叨」。

例句 ••

粵語

(1)
Nei5	m4	gok3	dak1	go3	zai2	ni1	paai2	jau4	di1	san4
你	唔	覺	得	個	仔	呢	排	有	啲	*神*
san4	faa3	faa3	me1	?	Seng4	jat6	ceot1	ceot1	jap6	jap6
神	*化*	*化*	咩	?	成	日	出	出	入	入
hai2	uk1	kei2	co5	m4	ding6	.				
喺	屋	企	坐	唔	定	。				

(2)
Keoi5	gaa1	ze1	zung1	ji3	nei1	maai4	hai2	fong2	,	bat1
佢	家	姐	中	意	匿	埋	喺	房	，	不
nau1	dou1	jau5	di	san4	san4	faa3	faa3	gaa3	laa1	.
嬲	都	有	啲	*神*	*神*	*化*	*化*	㗎	啦	。

普通話

(1)
Nǐ	bù	jué	de	ér	zi	zuì	jìn	yóu	diǎnr	shén
你	不	覺	得	兒	子	最	近	有	點兒	神
shen	dāo	dāo	de	ma	?	Chéng	tiān	chū	chū	jìn
神	叨	叨	的	嗎	？	成	天	出	出	進
jìn	de	zài	jiā	li	dāi	bu	zhù	.		
進	的	在	家	裏	呆	不	住	。		

(2)
Tā	jiě	jie	xǐ	huan	duǒ	zài	fáng	jiān	li	,
他	姐	姐	喜	歡	躲	在	房	間	裏	，
yí	xiàng	dōu	yóu	diǎnr	xī	qí	gǔ	guài	de	
一	向	都	有	點兒	稀	奇	古	怪	的	
ya	.									
呀	。									

4 腌尖聲悶

　　大學教師光仔和鋼琴老師阿雯結婚搬出去住後，劉家就只剩下兩口人了。

　　劉太對堂弟婦說過，劉生父子倆就是一對說話不多的掬氣蠄蟝。光仔搬走後，劉先生的話竟多了起來。一會兒說家裏的東西放得太亂，一會兒說飯煮得太軟沒嚼頭，或者說魚蒸的時間長了。

　　劉太便奇怪：家裏的東西一向都是這麼放的；煮飯放水也一向是放到食指第一節高的；蒸魚呢，慣例還是水開後再蒸上八分鐘……

　　起初她還解釋一下，後來乾脆只說：**腌尖聲悶**！

　　丈夫在公司裏是管倉庫的，下班一到家，抱怨就沒斷過。

　　劉太覺得丈夫像是換了個人，不像從前那般隨和安靜，由掬氣蠄蟝變得囉囉唆唆，**腌尖聲悶**了。

　　有一次為了他襯衫上的褶子沒熨平，兩人還吵了幾句。

　　劉太氣不過，當場打電話約堂弟妹第二天喝茶。劉太覺得堂弟妹有時說話不會看人臉色，倒也明白事理，重要的是她有時間也有閒心聽劉太的抱怨。

　　一見面劉太便迫不及待地把丈夫最近的表現連鍋端了出來，忿忿不平地說：「早知他這麼**腌尖聲悶**，我就不嫁他了！」

　　弟妹「噗嗤」笑出了聲：「阿嫂你快別說這種孩子氣的話了。光仔搬出去後，大哥怕你沒甚麼好操心，怕你鬱悶，才故意在家裏弄出點兒動靜來分你的心……」

　　原來劉生給堂弟打過電話，說家裏一下子靜了下來，太太成天失魂落魄的。

　　「阿嫂，大哥那不是**腌尖聲悶**，他是怕你胡思亂想，故意沒事找事呢。」

　　劉太還要說硬話：「真為我好，他就不能和我聊點兒別的？成天就是家裏那點雞毛蒜皮的小事，搞得我也**腌尖聲悶**了。」

　　「大哥沒事就只愛讀馬經，聊跑馬你不也是不懂嗎？你就知足吧。我老公也有這份心來**腌尖聲悶**我，哪怕只有一分，我就燒高香了……」

　　這茶越喝越高興。劉太太心想今天喝茶真是找對人了。

指要求多而高，愛挑剔，難以滿足。貶義詞。對應普通話可說「挑剔囉唆」。

例句

粵語

(1)
阿（Aa3）叔（suk1）喺（hai2）屋（uk1）企（kei2）零（ling4）舍（se3）**腌（jim1）尖（zim1）聲（seng1）悶（mun6）**，生（sang1）活（wut6）上（soeng6）啲（di1）嘢（je5）一（jat1）唔（m4）啱（ngaam1）心（sam1）水（seoi2）就（zau6）吟（ngam4）沉（cam4）我（ngo5）阿（aa3）嬸（sam2）。

(2)
唔（M4）能（nang4）夠（gau3）怪（gwaai3）個（go3）客（haak3）**腌（jim1）尖（zim1）聲（seng1）悶（mun6）**喎（wo3），呢（ni1）件（gin6）貨（fo3）本（bun2）來（loi4）就（zau6）係（hai6）有（jau5）質（zat1）素（sou3）問（man6）題（tai4）㗎（gaa3）嘛（maa3）。

普通話

(1)
我（Wǒ）叔（shū）叔（shu）在（zài）家（jiā）裏（li）特（tè）別（bié）愛（ài）挑（tiāo）剔（ti），生（shēng）活（huó）上（shàng）的（de）事（shì）有（yǒu）甚（shén）麼（me）不（bù）合（hé）心（xīn）意（yì）的（de）就（jiù）囉（luō）唆（suo）我（wǒ）嬸（shěn）嬸（shen）。

(2)
不（Bù）能（néng）怪（guài）那（nèi）個（ge）客（kè）人（ren），要（yāo）求（qiú）太（tài）高（gāo）過（guò）份（fèn）挑（tiāo）剔（zhǐ）啊（a）這（zhèi）件（jiàn）貨（huò）本（běn）來（lái）就（jiù）有（yǒu）質（zhǐ）量（liàng）問（wèn）題（tí）。

5 唔嗅米醛

m4　cau3　mai5　ceoi4

　　玉娟小姐在大家眼中有幾分奇怪。一是快 50 歲的已婚婦人，卻不許人家按習慣稱她做米高太，另是她的穿着打扮也和她的年齡身份不相配。比如她喜歡梳清湯掛麪式的女學生頭，又比如她四季都只穿長至大腿的超短裙。

　　在公司裏，她對人難得露個笑臉，也就和財務部的主管海倫走得最近。海倫和她歲數相仿，早年就在沈伯手下做事。沈伯父女失和，但海倫在兩邊都算說得上話。

　　沈伯對玉娟的穿着實在受不了，有一次去找海倫：「怎麼會有這麼個**唔嗅米醛**的人！勸她換個髮型，穿條長裙吧。」

　　海倫正色答他：「我勸過！她只哼了一聲，說誰讓我是那個**唔嗅米醛**的男人生的呢。」

　　沈伯頓時無話。

　　再說小妹追着沈伯要農曆新年「利是」，只討到一封，不依不饒地追着要討沈太太那一封。海倫看不下去，喝住她把她叫到自己的辦公室，罵道：「你再這麼**唔嗅米醛**我就炒了你！沈太太早就過身了。不許再和沈伯提這事！」

　　小妹卻笑了起來：「我媽咪也常說我**唔嗅米醛**。我知道這詞的意思，是說我不懂人情世故唄……可是我也聽別人說過玉娟小姐和沈伯**唔嗅米醛**。那是怎麼了？他們一個身居高位，一個七老八十，不該像我似的甚麼都不懂呀。這裏面是不是有甚麼我不知道的故事？」

　　「夠了……」海倫提高了聲音，隨手拿起一份文件，「你少管別人的家事……看！你有一份表格又出錯了！」

　　小妹拿過表格樂了：「海倫姐這回是你錯了。看下面的簽名，是你自己做的呀。」

　　海倫只好狼狼地揮揮手讓她出去。

　　她琢磨這三個**唔嗅米醛**的人。玉娟呢，是希望還生活在年輕的時代；沈伯則似乎是缺了點人性人情。最適合用「**唔嗅米醛**」形容的還是小妹，她還是個天真無邪、不明世事的小朋友呢。

「餲」在粵語中指「氣味」，音同「徐」的粵音。此詞說人恍似沒聞過米的氣味似的，喻意入世不深，又可指恍似不是生活在當下，或是指人沒有人性和人情。偏貶義。對應普通話可說人「不懂事」。

例句

粵語

(1)
Keoi5	dou1	gei2	sap6	seoi3	jan4	laa1		ngo5	m4	zi1
佢	都	幾	十	歲	人	啦	，	我	唔	知

keoi5	go2	go3	**m4**	**cau3**	**mai5**	**ceoi4**	ge3	joeng2		hai6
佢	嗰	個	**唔**	**嗅**	**米**	**餲**	嘅	樣	，	係

zan1	ding6	hai6	baan6	je5.
真	定	係	扮	嘢 。

(2)
M4	hou2	gwaai3	di1	sai3	lou6	lyun2	gam3	ngap1	je5	
唔	好	怪	啲	細	路	亂	咁	噏	嘢	，

keoi5	dei6	zung6	sai3	go3		**m4**	**cau3**	**mai5**	**ceoi4**	
佢	哋	仲	細	個	，	**唔**	**嗅**	**米**	**餲** 。	

普通話

(1)
Tā	dōu	jǐ	shí	suì	le	，	wǒ	bù	zhī	dao
她	都	幾	十	歲	了	，	我	不	知	道

tā	nèi	fù	bù	míng	shì	shì	de	yàng	zi	，
她	那	副	不	明	世	事	的	樣	子	，

shì	zhēn	de	hái	shì	zhuāng	de
是	真	的	還	是	裝	的 。

(2)
Bié	guài	hái	zi	men	luàn	shuō	huà	，	tā	men
別	怪	孩	子	們	亂	說	話	，	他	們

nián	jì	hái	xiǎo	，	shá	shì	dōu	bù	dǒng	
年	紀	還	小	，	啥	事	都	不	懂 。	

6 眉精眼企
mei4　jing1　ngaan5　kei5

　　慶祥看去*眉精眼企*，談吐得體，來應聘時蜀生一眼就相中了。部門經理甘仔只是說：長得*眉精眼企*！就怕是金玉其外，敗絮其中。

　　後來慶祥想借公司的生意撈一把外快，被發現後辭了職，一晃大半年過去了。蜀生攢下了一筆錢，最想買的不是房子而是車子。這天去提車，接待他的竟是慶祥。他看去依然*眉精眼企*，神彩奕奕。

　　他向蜀生伸出手：「我看客戶資料發現是你，就要求調班來接待你。我們同事一場，挺佩服你的，這看法從沒變過。」

　　蜀生驀然記起了甘仔和沈伯對慶祥的評價，伸出去的手就猶豫了。

　　慶祥看出了他的心思，大方說道：「你擔心我會騙你？放心吧，錢銀我都不沾手，今天只負責講解這車的性能保養……」說罷馬上進入工作狀態，講得一清二楚，十分專業。

　　蜀生不由得嘆息：「你真是做生意的好手！要還在公司幫我多好！」

　　慶祥圓滑地接過話題：「謝謝蜀生你高看我！出了那事我還能留在公司嗎？有的人到處唱衰我，連個翻身機會也不給。我還能在那行混嗎？我決心從頭開始，找了這個新行當。」

　　事情都辦好，是吃飯的時候了。慶祥提議：「賀你喜提新車，喝一杯去！我請客！」

　　酒過三巡，蜀生才有勇氣向慶祥重提舊事：「你得珍惜這份工，別再走岔道了。」

　　慶祥也才有勇氣直說：「那會兒我的養父——是他供我讀的書——要動個大手術，政府醫院的號兒等不及了，進私家醫院要花一大筆錢，我才動了歪心思……」

　　「那不是你的……第一次了吧？」

　　慶祥生了氣：「有人在我背後造了不少謠，我還知道他們管我叫『濕水欖核』，說我長得*眉精眼企*，一肚子壞水……人言可畏！要毀掉一個人就只需要幾句話！」

　　「喝酒吧……」蜀生勸道。

　　他想不管人們說慶祥甚麼，他的工作證明了他的能力。再說對養父知恩圖報，也還沒壞到不可救藥吧。

釋義

形容人的長相精神，看上去很能幹。褒義詞。對應普通話可說「精明機靈」。

例句

粵語

(1)
Ni1	baan1	hau6	saang1	go3	go3	mei4	jing1	ngaan5	kei5	，
呢	班	後	生	個	個	**眉**	**精**	**眼**	**企**	，
ngaai6	biu2	zau6	saang1	dak1	m4	co3	laa3	，	m4	zi1
外	表	就	生	得	唔	錯	喇	，	唔	知
zou6	si6	jau5	mou5	zan1	gung1	fu1	.			
做	事	有	冇	真	功	夫	。			

(2)
Saang1	dak1	mei4	jing1	ngaan5	kei5	m4	gin3	dak1	duk6	syu1
生	得	**眉**	**精**	**眼**	**企**	唔	見	得	讀	書
lek1	wo3	.	Gaak3	lei4	go3	mui1	zai2	tai2	soeng5	heoi3
叻	喎	。	隔	籬	個	妹	仔	睇	上	去
ceon2	ceon2	ngong6	ngong6	，	jan4	dei6	wui6	haau2	gei1	fu4
蠢	蠢	戇	戇	，	人	哋	會	考	幾	乎
fo1	fo1	hai6	A	.						
科	科	係	A	。						

普通話

(1)
Zhèi	bāng	nián	qīng	rén	zhǎng	de	cōng	ming	jī	
這	幫	年	輕	人	長	得	聰	明	機	
ling	，	wài	biǎo	zhǎng	de	bú	cuò	，	bù	zhī
靈	，	外	表	長	得	不	錯	，	不	知
dao	zuò	qǐ	shì	lái	yǒu	méi	yǒu	zhēn	běn	
道	做	起	事	來	有	沒	有	真	本	
shi										
事										
。										

(2)
Wài	biáo	zhǎng	de	jī	ling	bú	jiàn	de	dú	shū
外	表	長	得	機	靈	不	見	得	讀	書
jiù	bàng	ne	。	Lín	jū	de	mèi	mei	kàn	shang
就	棒	呢	。	鄰	居	的	妹	妹	看	上
qu	shá	hū	hū	de	rén	jia	huì	kǎo	jī	
去	傻	呼	呼	的	人	家	會	考	幾	
hū	kē	kē	dōu	shì	A	.				
乎	科	科	都	是	A	。				

四、人物性格類

7 鬼五馬六

　　弗洛拉結婚暫住夫家，為攢首期買自己的房子，找了份補習社的兼職工作。她細心盡職，很得老闆仙蒂的賞識，二人也談得投契。

　　家長阿輝不時來補習社接讀小五的女兒。弗洛拉後才知仙蒂是他老闆培哥的太太。

　　阿輝自見到弗洛拉第一面就和她自來熟了。

　　弗洛拉對仙蒂說；「阿輝嘴甜鬼馬，女客戶還不得讓他哄得團團轉？」

　　仙蒂笑了：「你有眼光！阿輝**鬼五馬六**的，哄過幾個女仔和他玩兒婚外情。」

　　她告訴了弗洛拉「滾紅滾綠」的事，說：「我從來都不放心他，也就念他會做生意，才留下他幫培哥了。」

　　說起那場誤會，二人笑作一團。

　　不久弗洛拉接到了小美的信息約見面。

　　在朋友中，弗洛拉對小美最為關心。小美聰明踏實，但為照料常年患病的雙親，耽誤了自己的感情生活。

　　小美長得小巧娟麗，這次見面更是容光煥發。

　　弗洛拉逗她：「談男朋友了？」

　　小美忸怩了一陣，才說香港書展時，有個男人來為他讀小五的侄女買補充練習，小美向他推介了一套。男人很鬼馬風趣，請她喝了咖啡，還留下了聯絡方式。

　　「一來二去就熟了……」

　　弗洛拉替她高興：「那就談下去唄。」

　　「人家不知道怎麼辦嘛……」原來對方約小美到蘇州玩兒，他要到那邊出差。

　　小美當然知道孤男寡女相處幾天會發生甚麼事，所以要向弗洛拉討主意：「如果拒絕了，阿輝會不會覺得我對他沒有誠意？」

　　「他叫甚麼？阿輝？這事……我明天覆你。」

　　她轉身就給仙蒂打了電話求證培哥是否派了阿輝到蘇州。那邊答覆說：「是。」

　　弗洛拉即隨就給小美打電話，說那個阿輝不是鬼馬，而是**鬼五馬六**，不可靠不正經！

　　小美聽了在電話裏說話帶上了哭腔。

弗洛拉說：「蘇州咱們堅決不去了！阿輝的事我會再和你細說。」

她彷彿見到小美傷心的面孔，想起自己也曾被一個甜言蜜語的男朋友騙過，不由得輕噓一口氣。

釋義

「鬼馬」形容人風趣滑稽，但「鬼五馬六」則指人油滑。還可指不正經的事。貶義詞。對應普通話可說人「狡猾古怪」或說「烏七八糟」。

例句

粵語

(1)
Keoi5	jat1	sai3	jan4	dou1	mei6	zing1	ging1	daa2	gwo3	jat1
佢	一	世	人	都	未	正	經	打	過	一
fan6	gung1		zou6	maai4	di1	gwai2	ng5	maa5	luk6	ge3
份	工	，	做	埋	啲	鬼	五	馬	六	嘅
je5		Zan1	hai6	daam1	sam1	keoi5	hau6	bun3	sai3	maai4
嘢	。	真	係	擔	心	佢	後	半	世	埋
m4	dou2	mei5								
唔	到	尾	。							

(2)
Go2	go3	neoi5	zai2	gaan2	lei4	gaan2	heoi3	gaan2	zo2	go3
嗰	個	女	仔	揀	嚟	揀	去	揀	咗	個
gam3	gwai2	ng5	maa5	luk6	ge3	naam4	zai2		waa6	keoi5
咁	鬼	五	馬	六	嘅	男	仔	，	話	佢
sik1	dak1	tam3	neoi5	zai2	hoi1	sam1	wo5			
識	得	氹	女	仔	開	心	喎	。		

普通話

(1)
Tā	yí	bèi	zi	dōu	méi	rèn	zhēn	zuò	guo	yí
他	一	輩	子	都	沒	認	真	做	過	一
fèn	gōng	zuò		Zhēn	zuò	xiē	tā	wū	qī	bā	zāo
份	工	作	。	真	做	些	他	烏	七	八	糟
de	shì	xià	qu					hòu	bàn	bèi	zi
的	事	。	真	擔	心	他	後	半	輩	子
guò	bu	xià	qu							
過	不	下	去	。						

(2)
Nèi	ge	nǚ	háir	tiāo	lái	tiāo	qù	tiāo	le	gè
那	個	女	孩兒	挑	來	挑	去	挑	了	個
gú	gu	guài	guài	de	nán	háir		shuō	tā	huì
古	古	怪	怪	的	男	孩兒	，	說	他	會
hóng	nǚ	hái	zi	kāi	xīn					
哄	女	孩	子	開	心	。				

8 密底算盤

海倫在公司有「**密底算盤**」一稱。董事會是欣賞她不容公司的金錢漏失，錢銀在她那裏從未出過差錯。但一些人說她是「**密底算盤**」，是嫌她刻板固執，吝嗇摳門兒。

某年董事會本想給每個員工封幾千元的開工「利是」，海倫卻反對，說別搞「太公分豬肉人人有份」了，主張論功行賞，為公司創造了財富的員工可多分一點兒，其他人包括她自己，意思意思就行了。

不在第一線做生意的行政部門員工都氣歪了鼻子：「不公平不公平！」罵她是「**密底算盤**」，說她指縫裏就漏不出一個鏰。

海倫說：「哪有絕對的公平！坐接待台的、跑腿的、印文件的……哦哦，他們也辛苦，但能跟一年給公司賺下六七位數的同事相比嗎？」

玉娟小姐曾皮笑肉不笑地說：「我也沒直接給公司賺錢，是不是我就活該拿不到大『利是』？」

「你？」海倫斜眼看她，「你每年能分到多少董事花紅，別人不知道，我還能不知道？你在乎開工『利是』有多少嗎？」

玉娟小姐便笑罵：「你呀，就是太精明了，該不得沒有男人肯娶你！」

「錯錯錯！應該是沒有男人是本姑娘肯嫁的！我才不願意男人來分我的身家呢。」

「說你是**密底算盤**真是沒錯……」玉娟小姐趕快抽身走了。外邊的人一直在說米高得到了沈伯的股份，是分了玉娟小姐的身家。

海倫是單身貴族，每天都打扮得精緻漂亮，開着一部紅色「賓利」轎車上下班。

那些沒分到大「利是」的員工便說：「她對自己倒是一點兒都不密底！」

海倫只是覺得錢要花得值當，該花時她出手就很大方。

做清潔的阿嬸開工時摔斷了手，她無兒無女，年歲偏大。公司按「勞工法」給了賠償，海倫自己還給她封了「利是」，用了個舊的小紅封。

後勤行政部門那些人便喊喊嚓嚓說那「**密底算盤**」的小紅包裏一定沒幾個錢。

他們猜錯了，海倫封了五位數。

釋義

　　算盤是中國傳統使用的計算工具，封了底的算盤算不出錢來，形容做事考慮周全、精於計算的人；也指過於精明、吝嗇的人。詞性可褒可貶。對應普通話可說「理財高手」或「鐵公雞」。

例句

粵語

(1) 你 阿 爸 嗰 個 **密 底 算 盤** 咁 孤
寒 ， 想 喺 佢 度 攞 錢 換 電
腦 ， 難 囉 。 你 自 己 兼 職 搵
錢 好 過 啦 。

(2) 手 指 罅 疏 啲 人 容 乜 易 漏 晒
公 司 啲 錢 呀 ？ 請 財 務 梗 係
請 **密 底 算 盤** 㗎 啦 。

普通話

(1) 你 爸 那 個 鐵 公 雞 那 麼 摳
門兒 ， 想 他 拿 錢 給 你 換 電
腦 ， 難 了 。 你 乾 脆 就 自 己
兼 職 掙 去 。

(2) 大 手 大 腳 的 人 把 公 司 的 錢
敗 光 不 是 太 容 了 嗎 ？ 請 的
財 務 都 得 請 會 精 打 細 算
高 手 。

9 沙哩弄銃

　　大威如願到了廚藝學校學做廚師。阿松早就看清了兒子的出路，自然高興。阿惠也放棄了逼他讀大學的念頭，認了命：「總不能趕鴨子上架吧？讀大學的事就寄望小靜了。」

　　大威自小就不太聰明，行為又**沙哩弄銃**的。阿惠怪自己生他的時候在肚子裏憋壞了，對他份外上心。

　　大威也是讓人不省心，從小就愛做些危險的事，爬牆上樹，和人打架……身上常是一塊青一塊瘀的。

　　這些日子大威在飯店廚房裏實習。

　　街坊何嫂介紹過阿惠去老人院工作，是她的朋友，直爽地提醒：「廚房裏又是刀又是火的，你得叮囑你們家大威小心。」

　　阿惠特意調了白日班，見到大威便叮囑：「大威啊，你現在在飯店裏實習，做事要慢一點……」

　　大威即時頂撞：「慢？那些師傅都恨不得你快快把事做完好早點兒收工，慢吞吞的哪個師傅願意帶你！」

　　「我的意思是廚房裏的刀剪容易傷到手腳，火又容易灼傷皮膚，你當心不要**沙哩弄銃**的傷到自己。阿媽一想起這事就睡不着覺……」

　　「阿媽吔……」大威叫道，「這一行難免會有個傷着燙着的。你要擔心，那我就不上這學好了，休學回家做蛀米大蟲！」

　　阿惠覺得兒子不懂為娘的心意，很是傷心。

　　女兒小靜趕緊過來勸阿媽：「阿哥一向都唔嗅米餐，用不着替他操心……」

　　另一廂就罵大威：「你**沙哩弄銃**剁斷手指，燒傷面孔……告訴你，你這輩子就休想娶到老婆了！」

　　大威反而聽進去了：「哎，小靜說得有理，哪個女孩子願意嫁一個斷手爛面的殘疾人啊……好了，我留點兒神不**沙哩弄銃**就是了。今晚我給你們做個冬菇燜雞露一手。媽，家裏有冬菇嗎？」

　　阿惠一邊去找冬菇，一邊想：「小靜三兩句就把大威說得服服帖帖的。將來就讀個法律大學吧。做律師的不都要有口才嗎？」

　　她的大學夢從未醒過。

指為人輕率魯莽，做事冒失，也可指做事沒章法。貶義詞。對應普通話可說「冒失莽撞」或「雜亂無章」。

例句

粵語

(1)
Go3	hau6	saang1	cung1	zo2	ceot1	heoi3		caa1	di1	zau6
個	後	生	衝	咗	出	去	，	差	啲	就

zong6	can1	go3	daai3	syun1	zai2	ge3	baak3	je1	po2
撞	親	個	帶	孫	仔	嘅	伯	爺	婆	。

Mat1	gam3	saa4	li1	lung6	cung3	gaa3	?
乜	咁	*沙*	*哩*	*弄*	*銃*	㗎	？

(2)
Nei5	zung6	hai6	wan2	gwo3	dai6	go3	jan4	lei4	bong1	ngo5
你	仲	係	搵	過	第	個	人	嚟	幫	我	，

sau2	laa1		Keoi5	zou6	je5	saa4	li1	lung6	cung3
手	啦	。	佢	做	嘢	*沙*	*哩*	*弄*	*銃*	，

m4	hai6	gei2	ngaam1	zou6	ni1	fan6	seoi1	jiu3	noi6	sing3
唔	係	幾	啱	做	呢	份	需	要	耐	性

ge3	gung1	ge2
嘅	工	嘅	。

普通話

(1)
Nèi	ge	nián	qīng	rén	chōng	le	chū	qu		chà
那	個	年	輕	人	衝	了	出	去	，	差

diǎnr	jiù	zhuàng	dào	nèi	ge	dài	sūn	zi	de	lǎo
點兒	就	撞	到	那	個	帶	孫	子	的	老

pó	po		Zěn	me	zhè	me	mào	shi	lú	mǎng
婆	婆	？	怎	麼	這	麼	冒	失	魯	莽

a
啊

(2)
Nǐ	hái	shì	zhǎo	bié	ren	lái	bāng	wǒ	de	máng
你	還	是	找	別	人	來	幫	我	的	忙

ba		tā	zuò	shì	qīng	shuài	hùn	luàn		bú
吧	，	他	做	事	輕	率	混	亂	，	不

tài	shì	hé	zuò	zhèi	fèn	xū	yào	nài	xīn	de
太	適	合	做	這	份	需	要	耐	心	的

gōng	zuò	de
工	作	的	。

　　孔明即是諸葛亮，是三國時期劉備的軍師，輔助劉備建立了蜀國的根據地。因為他學識淵博，料事如神，很為中國老百姓敬仰。

　　在中國文學名著《三國演義》裏，說到諸葛亮本閒居在臥龍崗家中，但可**挑通眼眉**看透天下大勢，在民間甚有名聲。劉備正苦於自己當時力量弱小，便接受了一個謀士的建議去會晤諸葛亮。

　　劉備第三次去臥龍崗，才見到了諸葛亮，誠心請教他如何才能一奪天下。

　　諸葛亮便和他分析了孫權、曹操、劉備三支主要力量，認為當下誰也吃不了誰，勢必形成三足鼎立的局面，建議他要先建立起自己的根據地。

　　劉備對諸葛亮這番**挑通眼眉**的分析十分佩服，恭請他出山做了自己的軍師。

　　諸葛亮後來從蜀國到吳國，拉攏吳方結盟與魏方作戰。吳大將周瑜為人驕狂，故意刁難諸葛亮，讓他十天內造箭十萬。諸葛亮卻說：只需三天。他請人調派了二十隻小船，船上堆滿草束，趁着夜色霧大，迫近曹營。曹操下令手下放箭。待弓箭扎滿草束後，吳國將士划船離開，大呼「謝丞相箭」。

　　「草船借箭」計劃成功，一是諸葛亮依據天文水文知識判定那晚會有重霧，二是看透曹操性格多疑，料不會在霧中出兵交戰。

　　十萬枝箭順利到手，周瑜不得不佩服諸葛亮**挑通眼眉**看天看人的本事，但未完全服氣。

　　諸葛亮與周瑜制定了火攻曹營計劃，派將軍黃蓋詐降，前去建議曹操把船隻拴成一片，嘴上說是讓不熟水性的曹操軍士穩妥行走，實際上是想引火燒掉船隊。此計需颳東南風把火引向曹營，但那些天颳的都是西北風，周瑜急得病倒。諸葛亮便安慰說自己可作法借來東南風。

　　其實是諸葛亮用天文學知識推算出那晚必颳東南風，但還是設壇求借東風，作了一番表演。

　　東南風如時吹來，火攻曹營成功。周瑜深感諸葛亮的神機妙算是自己的威脅，派人去殺諸葛亮。諸葛亮**挑通眼眉**預見到周瑜心思，早就離開返回劉備的屬地了。

釋義

指人善於看清看透事物，思維細密。褒義詞。對應普通話可說「料事通透」。

例句

粵語

(1) 職場係水深，不過有咗經驗就識得**挑通眼眉**去睇人睇事。M4使咁擔心嘅。
（Zik1 coeng4 hai6 seoi2 sam1, bat1 gwo3 jau5 zo2 ging1 jim6 zau6 sik1 dak1 **tiu1 tung1 ngaan5 mei4** heoi3 tai2 jan4 tai2 si6. M4 sai2 gam3 daam1 sam1 ge2.）

(2) 家姐**挑通眼眉**睇清咗公司啲人事關係，將各方面嘅嘢都安排得恰恰掂。
（Gaa1 ze1 **tiu1 tung1 ngaan5 mei4** tai2 cing1 zo2 gung1 si1 di1 jan4 si6 gwaan1 hai6, zeung1 gok3 fong1 min6 ge3 je5 dou1 ngon1 pai4 dak1 tap1 tap1 dim6.）

（註：tap1 tap1 掂的「tap1」有音無字，坊間常借用「恰」代指）

普通話

(1) 職場的確是水深，不過有了經驗就能看清楚，不用太擔心情的關聯的。
（Zhí chǎng dí què shì shuǐ shēn, bú guò yǒu le jīng yàn jiù néng kàn qīng chu, bú yòng tài dān xīn qing de guān lián de.）

(2) 姐姐思路清晰地看清了公司的工作都清處理得把各方面帖帖，司的的工作都清處理得妥妥帖帖。
（Jiě jie sī lù qīng xī de kàn qīng le gōng sī de rén zuò shì guān chú lǐ bǎ dé gè fāng miàn tiē tiē, sī de gōng zuò dōu chú lǐ dé tuǒ tuǒ tiē tiē.）

小美性格溫順，聽任「**搓圓撳扁**」的那一種。弗洛拉作為她的朋友大姐，常替她擔心。

她的父親早年在家鄉種地，沒讀過書，到香港後一直做搬運，落下一身病，50歲才回鄉娶親。老媽比老爸年輕，但得過大病，身體一直孱弱，只能做點散工。

父母脾氣都很爆烈，家裏時常吵罵不斷。老爸又好喝兩口酒，喝多了便看甚麼都不順眼，逮誰罵誰。

老媽常常躲出去，學會了打麻將，還欠過人家兩萬元，讓債主上門潑過紅油。

老爸掏了棺材本替老媽還了債。家裏從此就更是天天小吵，兩天大吵了。

小美是家裏唯一的孩子。本來爸媽期望生的是傳宗接代的男孩，吵罵便常有一項內容：老爸罵老媽斷了他的後，老媽罵老爸喝太多酒活該沒兒子。

小美小時候跟過鄉下的外婆幾年。老人信佛，心地仁善，也為小美打下了善良的底色。小美雖在吵罵聲中長大，有時還無辜地要挨個巴掌，但她從不恨父母，潛意識中還覺得是自己令父母失和而歉疚，一向罵不還口，打不還手，聽任**搓圓撳扁**的性格悄然養成。

讀完大學工作之後，她理解了父母因貧窮磨難形成的脾氣，對他們多了些憐惜，更不會和他們一般見識，不惜把時間和金錢花在他們身上。

弗洛拉和小美是在旅行中認識的。

那次小美陪父母到韓國旅行，小美爸媽一路上稍不如意就對小美連說帶罵，小美滿臉通紅，卻是一言不發。

弗洛拉看在眼裏，有一天到首爾南山塔正好與小美走在一起，順口提起那些事，說：「妹妹你這種任人**搓圓撳扁**的性格，當代年輕人中少見了。」

小美只淡淡說：「我父母年輕時過得很苦，老了就由他們愛咋就咋的吧。」

弗洛拉把她拉進自己的「姐妹團」，說：「你有委屈可以在姐妹們中吐一吐啊。」

小美十分感激，視弗洛拉為良師益友。

釋義

　　「撳」是「按」的意思。此詞形容人的性格溫順，態度隨和。也指逆來順受的性格。可褒可貶。對應普通話可說人的性格為「溫順隨和」或「任人拿捏」。

例句

粵語

(1) Keoi5 hai2 uk1 kei2 waa6 saai3 si6, bat1 gwo3 soeng2 cou2 go3 jam6 keoi5 co1 jyun4 gam6 bin2 ge3 sam1 pou5, ji4 gaa1 bin1 jau5 gam3 ji6 aa1.

佢喺屋企話晒事，不過想娶個任佢**搓圓撳扁**嘅心抱，而家邊有咁易吖。

(2) Keoi5 go3 jan4 jam6 jan4 co1 jyun4 gam6 bin2, zou6 paak6 dong6 mou5 man6 tai4 bat1 gwo3 zau6 paa3 mou5 mat1 zi3 gei2 ge3 zyu2 gin3.

佢個人任人**搓圓撳扁**，做拍檔冇問題，不過就怕冇乜自己嘅主見。

普通話

(1) Tā zài jiā li shuō huà méi rén gǎn bù tīng de, dàn xiǎng qū ge tīng yóu tā bǎi bù de ér xí fu, jīn tiān nǎ yǒu nà me róng yì a.

她在家裏說話沒人敢不聽的，但想娶個聽由她擺佈的兒媳婦，今天哪有那麼容易啊。

(2) Tā nèi rén xìng gé hǎo xiāng chǔ, hé zuò méi wèn tí, Jiù shì pà méi shén me zì jǐ de zhǔ jiàn.

他那人性格好相處，合作沒問題，就是怕沒甚麼自己的主見。

四、人物性格類

12 貼錯門神

阿雯和光仔是在朋友的聚會上認識的。

阿雯人很活潑,和朋友們說了些孩子們學鋼琴的事,大家都彷彿沾上了孩子們的朝氣,聽得非常開心。

光仔坐在一邊,在充滿了生氣的氛圍中享受了少有的愉悅。直到回了家,還彷彿能見到阿雯的盈盈笑意,忍不住就給組織那次聚會的朋友打去電話。對方是個聰明人,隨即就再攢了個三人咖啡敍,又藉口有事早退,留下了光仔和阿雯對聊。

那天光仔遇上知音了。阿雯也讀過毛姆的《月亮與六便士》,還說了在光仔看來很深刻的一句話:「藝術家的婚姻大概沒幾個是理想的。」

光仔鼓起了平生的勇氣向阿雯提出了約會,沒想到阿雯也爽快地答應了。大男大女的交往都耗不起時間,很快就走進了婚姻。

生活隨即就進入了尷尬。阿雯的學生很多,家裏終日琴聲叮咚的,光仔無法備課。他躲到了學校圖書館,但要查寫滿了筆記的書很不就手。在外遊蕩大半天回到家,自然就沒甚麼心情和阿雯說話。兩人就沉默着相對,直像***貼錯門神***。

過了些日子,光仔藉口要出考試題躲回父母家裏,照例像隻掬氣蠄蟧地一問三不答。

劉太最先發現了端倪,在兒子這邊問不出甚麼,就打了電話問兒媳。

阿雯婚前就對光仔的脾性有點不適應,這回更說得直白:我們倆成天就像***貼錯門神***,還不如分手各走各路。

劉太急了:貼錯了再貼對就是了。哪家的夫妻感情還不是靠歲月磨合出來的?你們調節一下生活節奏,能像彈鋼琴一樣十個指頭配合好,就沒事了。

這兩句劉太自認為是生活經驗和智慧的精華,果然打動了兩個後輩。光仔被她強勢押回了他的小家,阿雯開門時露出了盈盈笑意,光仔重見到讓自己心動的笑容,也呆呆地笑了。

劉太放下了心:這回不再是***貼錯門神***了。

釋義

　　傳統貼的門神畫像是面對面的，貼錯了就成了背靠背，像是互相有意見。此詞形容二人互不搭理。貶義詞。對應普通話可說「互不理睬」。

例句

粵語

(1)
Keoi5 dei6 loeng5 go3 bun2 loi4 hou2 dou3 maa1 zai2
佢　哋　兩　個　本　來　好　到　孖　仔
gam2 ， dim2 zi1 ji4 gaa1 bin3 zo2 **tip3 co3 mun4**
噉　，　點　知　而　家　變　咗　**貼　錯　門**
san4 gam2 laa3 。 M4 zi1 ceot1 zo2 mat1 si6
神　噉　喇　。　唔　知　出　咗　乜　事　。

(2)
Tip3 co3 mun4 san4 mai6 tip3 faan1 ngaam1 keoi5 lo1 。
貼　錯　門　神　咪　貼　返　啱　佢　囉　。
Ngo5 zau6 m4 seon3 gam3 do1 nin4 ge3 fu1 cai1 jau5
我　就　唔　信　咁　多　年　嘅　夫　妻　有
mat1 je5 si6 hai6 gong2 m4 dim6 ge3
乜　嘢　事　係　講　唔　掂　嘅　。

普通話

(1)
Tā liá běn lái hǎo de xiàng shuāng bāo tāi shì
他　倆　本　來　好　得　像　雙　胞　胎　似
de ， shéi zhī dao xiàn zài biàn dé hù bù
的　，　誰　知　道　現　在　變　得　互　不
lǐ cǎi le 。 Bù zhī dao chū le shén me
理　睬　了　。　不　知　道　出　了　甚　麼
shì 。
事　。

(2)
Yǒu máo dùn jiù jiě jué lǐ shùn bei 。 Wǒ
有　矛　盾　就　解　決　理　順　唄　。　我
jiù bú xìn duō nián de fū qī yǒu shén me
就　不　信　多　年　的　夫　妻　有　甚　麼
gē da shì jiě bu kāi de
疙　瘩　是　解　不　開　的　。

13 反口覆舌

阿松的女兒小靜自小機靈聰明，讀書成績從來未拉下過班級前三名。大威讀了廚藝學校後，夫妻倆更把家中出個大學生的希望寄託在小靜身上。

小靜也很配合父母去圓夢，總把「我以後讀大學，出來做律師⋯⋯」掛在嘴邊。阿松受傷後，小靜的目標變了：將來要做骨科醫生，把阿爸的傷徹底治好。

阿松心裏甜滋滋的，卻要罵她一句：「不是要做律師嗎？怎麼改成醫生了？***反口覆舌***！」

上中學後，小靜似乎變了。回家不忙做功課，卻對着穿衣鏡擺出各種姿勢。

冬天也不肯穿校服的呢子外套上學，說是穿了臃腫。

夫妻倆起初以為女兒長大，到了愛美的階段了。阿惠就笑話她「臭美」。

小靜問阿媽：「甚麼是臭美？」

阿惠的粵語已大有長進：「就是說『愛靚唔愛命』唄。」

小靜便神秘一笑：「人家做網紅就是要靚的嘛⋯⋯」

原來前些日子她放學時，讓一個男人攔住，說她長得美，可以免費介紹她到網上平台試鏡做主播。

阿惠一聽就急了：「他是騙子吧？再說，你不是想當醫生的嗎？怎麼***反口覆舌***了？」

「我沒答應他⋯⋯」其實小靜瞞了一事，那男子給了她一張名片，說有意就可以給他打電話。

過了兩天，小靜趁家裏沒人給那人打了電話，說有意想去試鏡。

那人便說好哇，先用電話轉一千八的報名費。

「不是說免費介紹嗎？怎麼這會兒***反口覆舌***要錢了？」不等對方再說甚麼，小靜就撂了電話。

她想：阿爸常說對說過的話反悔，就是***反口覆舌***。和這樣的人不能交往！她又想：她自小就許諾要讀大學當醫生的，也不能***反口覆舌***放棄！

她比平時更用功，很晚才睡。問她她就說：「自己說過的就要去做。不能***反口覆舌***！」

家裏人覺得奇怪：「你說過甚麼呀？」

他們竟不記得她的理想！小靜很委屈，氣呼呼地說：「人家不是要讀大學當醫生的嗎？」

釋義

說話不算話，推翻先前的承諾。貶義詞。對應普通話可說「出爾反爾」。

例句

粵語

(1) Go3個 hau6後 saang1生 bun2本 lei4嚟 waa6話 jyut6月 co1初 faan1返 gung1工，sau1收 mei1尾 teoi1推 dou3到 jyut6月 zung1中，ji4而 gaa1家 jau6又 teoi1推 dou3到 jyut6月 mei5尾。Gam2噉 joeng2樣 **faan2反 hou2口 fuk1覆 sit6舌**，dim2點 ji1知 keoi5佢 hai6係 lei4嚟 ding6定 m4唔 lei4嚟 gaa4㗎。

(2) Fu6父 mou5母 lau4留 zo2咗 hoeng1鄉 haa2下 gaan1間 uk1屋 bei2俾 ziu3照 gu3顧 keoi5佢 dei6哋 maan5晚 nin4年 ge3嘅 sai3細 mui2妹。Keoi5佢 dong1當 si4時，jik6亦 tung4同 ji3意 dou1都。Ji4而 gaa1家 jau6又 faan1返 heoi3去 zaang1爭，di1啲 can1親 cik1戚 dou1都 waa6話 keoi5佢 hai6係 **faan2反 hou2口 fuk1覆 sit6舌**，gong2講 je5嘢 m4唔 syun3算 sou3數。

普通話

(1) Nèi那 ge個 nián年 qīng輕 rén人 běn本 lái來 shuō說 hǎo好 yuè月 chū初，lái來 shàng上 bān班，hòu後 lái來 yuè月 tuī推 dào到 yuè月 zhōng中，Zhè這 yàng樣 dào到 dǐ底 chū出 ěr爾 fǎn反 ěr爾，shéi誰 zhī知 dao道 tā他 shì是 lái來 hái還 shì是 bù不 lái來。xiàn現 zài在 yòu又 tuī推 dào到 yuè月 dǐ底 de的。

(2) Fù父 mú母 bǎ把 lǎo老 jiā家 de的 fáng房 zi子 liú留 gěi給 le了 zhào照 gu顧 tā他 men們 wǎn晚 nián年 de的 mèi妹 mei妹。Xiàn現 zài在 yòu又 tā他 huí回 dāng當 shí時 yě也 tóng同 yì意 le了，qu去 zhēng爭 chéng產，qīn親 qi戚 men們 dōu都 shuō說 tā他 shuō說 huà話 bú不 suàn算 huà話，bù不 shǒu守 chéng承 nuò諾。

四、人物性格類

14 篤眼篤鼻

　　小美爸脾性粗魯，身體不好，有隻腳的踝骨年輕時還斷過，當時只胡亂敷了些藥就去開工了。到底是手停口停，顧飯碗要緊。現在每到颱風下雨，舊患還會作痛。

　　說來那次受傷有點冤，就因為和人吵架，一個**篤眼篤鼻**的動作招來的大禍。

　　那次在旺角，他從貨車上卸下滿滿一小車貨，送去給商戶。那個拐角人多，車子不小心碰到一個男人，雖沒傷到，但男人開口便罵：「你是瞎的嗎？」後面還爆了一連串「冚家鏟」（全家死光）問候他全家。

　　小美爸如果能好好道個歉，說兩句好話這事也許就過去了。偏是他那天中午吃飯時喝了幾口白酒，那酒後勁挺大，酒力一上頭他也回敬了兩句，自然也爆了一連串髒話，說話時還伸出手指頭在男人面前戳了幾下。

　　男人是那一帶的「陀地」（指霸佔着某個地區活動的幫派勢力），氣勢怎能輸給這外來人？他罵道：「你**篤眼篤鼻**的是想打架嗎？真是找錯了地方……」說着一拳掄了過去。

　　小美爸也揮拳回應，二人便扭打了起來。那男子健碩有力，一下子便把瘦小的小美爸甩了出去。他撞到路邊的水泥墩，腳踝裂了，當場便痛得「哎喲哎喲」大叫。

　　同來的貨車司機要報警。「陀地」慌忙提出賠湯藥錢私了，可最終吃虧的還是小美爸。受傷的腳踝沒好徹底，不時發作，痛得厲害時就不能開工。

　　家裏沒了收入，小美媽便埋怨：「香港人吵架動口不動手，**篤眼篤鼻**的，人家就以為你是想動手打架。你那脾性真是……」

　　小美爸不耐煩地打斷她，揮手趕她走：「去去！別在我面前**篤眼篤鼻**的，心煩！你還居然教訓起老子來了，是我來香港的時間長還是你啊？！」

釋義

形容人說話時用指頭點戳對方，很不禮貌。也可說是人或物總在眼前晃悠，叫人不舒服。坊間也有寫成「篤口篤鼻」的。貶義詞。對應普通話可說「戳戳點點」或「在眼前晃悠」。

例句

粵語

(1) 佢對面樓有個住戶喺窗口
Keoi5 deoi3 min6 lou2 jau5 go3 zyu6 wu6 hai2 coeng1 hau2
掛咗啲奇怪嘅嘢，晚黑仲
gwaa3 zo2 di1 kei4 gwaai3 ge3 je5 maan5 haak1 zung6
會發出藍光，成晚閃閃下
wui5 faat3 ceot1 laam4 gwong1 seng4 maan5 sim2 sim2 haa2
篤眼篤鼻。
duk1 ngaan5 duk1 bei6

(2) 同人講嘢時斯文啲，唔好
Tung4 jan4 gong2 je3 si4 si1 man4 di1 m4 hou2
用手指篤眼篤鼻，好似嘍
jung6 sau2 zi2 duk1 ngaan5 duk1 bei6 hou2 ci5 lau3
打嗽。
daa2 gam2

普通話

(1) 他對面樓有個住戶在窗口
Tā duì miàn lóu yǒu ge zhù hù zài chuāng kǒu
掛了些奇怪的東西，到
guà le xiē qí guài de dōng xi dào
晚上還會發出藍光。一晚
wǎn shang hái huì fā chū lán guāng yì wǎn
上一閃一閃的老在眼前晃
shang yì shǎn yì shǎn de lǎo zài yǎn qián huàng
悠
you

(2) 和人說話的時候講點兒禮
Hé rén shuō huà de shí hou jiáng diǎnr lǐ
貌，別用指頭點點人打架似
mào bié yòng zhǐ tou diǎn diǎn rén dǎ jià shǐ
的，好像想約，
de hǎo xiàng xiǎng yuē
的

15 唔抵得頸

　　光仔和阿雯都是獨生子女，自小由父母照顧，多少有點「衣來伸手，飯來張口」的毛病，兩個人都不會打理家務。婚房起初還住得好好的，很快便就失去了原來的新淨整潔：快遞的包裝盒堆在角落，碗池裏放着沒洗的碗筷和外賣的飯盒，穿過的衣襪塞在洗衣籃……

　　兩家的媽媽都是能幹的主婦，不時上門來「偷襲」巡視，見到小家庭的亂象都**唔抵得頸**，有時一頓數落，更多時候是動手替他們收拾。小夫妻每次都嘻嘻哈哈地又是道歉又是發誓，說下回一定不會是這樣子的了。

　　最讓兩位媽媽**唔抵得頸**的是，小夫妻是「批評接受，行動照舊」，小家的面貌依然故我。

　　這個月正逢考試期，光仔忙着改大學的試卷，阿雯忙着輔導學生鋼琴考級。兩個人連外賣都顧不上叫，網購了一堆方便麵和罐頭，想起來就吃一點。家裏的垃圾更堆成了小山，換下來的衣服發出了一股氣味。

　　光仔的媽媽實在**唔抵得頸**了，約了同樣**唔抵得頸**的阿雯媽媽悄悄打上門去，趁着小夫妻中午雷打不動午睡兩三個小時的空隙，把小家快速清理了一番。二人心疼兒女這段日子過得辛苦，躡手躡腳的盡量不弄出聲響。小夫妻也的確累了，閉門熟睡，不省人事。

　　到二人起牀走出房間，吃了一驚：所有東西井井有條，垃圾清理了，衣服洗乾淨晾上了，地板擦得錚亮，廚房裏一鍋老火湯飄出新上市的蓮藕煲豬肉香味兒……

　　兩個人瞪大了眼：家裏來了神話裏的田螺姑娘了嗎？她總是趁沒人的時候替主人把家收拾得乾乾淨淨，順帶洗衣做飯。

　　再定睛看，兩個媽媽黑沉着臉坐在屋角，一臉是恨不得揍他們一頓的神氣。

　　不等他們過去向媽媽道歉，門鈴響了，是阿雯的學生來上鋼琴課。

　　兩個後生使了一下眼色：救星來了！媽媽們也只好把抱怨憋回肚子，滿臉堆笑和孩子打招呼：來上課了？

釋義

受不了，忍不住生氣。中性詞。對應普通話可說「忍受不了」。

例句

粵語

(1) 見到佢攞晒老寶留低啲錢，嘅親戚都唔抵得頸，為佢細佬講咗啲公道話。

(2) 啲人喺醫院大聲嘈吵，佢唔抵得頸，就上去話咗啲人幾句。

普通話

(1) 看到他把他老爸留下的錢全拿走了，親戚們都氣不過，為他弟弟說了些公道話。

(2) 那些人在醫院裏大聲吵鬧，他實在憋不住，就上前說了他們幾句。

五、做事狀態類

金晴火眼
唔嗲唔吊
甩甩漏漏
闊佬懶理
唔湯唔水
講得口響
濕水炮仗
煲冇米粥
撳地游水
翹埋雙手
照板煮碗
一眼關七
差咗幾皮
整色整水
老貓燒鬚

1 金睛火眼

財務部主管海倫姐是公司許多年輕人的偶像。

說學識，她在外國讀過書，在內地、香港都工作過，說起各地文化如數家珍；說外觀，她不胖不瘦，五官清秀，行動敏捷；說收入，人家早就財務自由了，只說開的那部「賓利」，沒個七位數拿不下來；說愛好，人家有空兒不是去看電影就是去聽音樂，放大假就滿世界去潛水滑雪；說情懷，她近年常參加到內地去的「扶貧」團，還不時去西藏喜馬拉雅山下的地區，每次都出錢出力……

小妹常說：海倫姐是我 40 歲前要達到的人生目標！

聽到的人都只當小妹又在神神化化胡言亂語。

只有沈伯在沒人的時候，認真地對小妹說過：「有人生目標是好事。可這是要付出代價的喲。」

小妹張大了嘴：「代價？」

「你看海倫的雙眼，一年中她有幾個月都是**金睛火眼**的……哦，鬼妹仔你不懂吧？就是兩眼都是紅的！」

「哭的？」小妹想起每次和男朋友分手，自己都一宿一宿地哭成**金睛火眼**。

「熬夜熬的！特別是每年 3 月底財政年度的報稅，她連夜審查財務報表，常是兩三夜不睡覺。這不就熬成**金睛火眼**了嗎？」

小妹把頭一揚：「這個苦我能吃！」她讀書時打遊戲機和煲劇（追看電視連續劇集），還創下過四晚不睡的紀錄呢。

「還有，你能做得到像她那樣不拍拖不結婚，只專心工作嗎？」

「那可不行！」

「我看你也不行！」沈伯大笑，「你就不可能做到像海倫那樣一心投入工作……你呀，是個戀愛腦，少不了男朋友陪伴。」

小妹老老實實承認：「是的呀。我斷一個，馬上就要再談一個……」

「這回談的是鬼仔吧？」

「是的呀……哎，你怎麼知道？」小妹很驚訝。

沈伯用兩個指頭做出要摳出眼珠的樣子：「誰都逃不出我的**金睛火眼**！」

沈伯住在淺水灣，偶然見到小妹和一個金髮男孩手拉手在那兒散步。

形容做事熬夜，致令雙眼佈滿紅絲，也可說人看事物目光精準。中性或褒義。對應普通話可說「雙眼通紅」或「目光犀利」。

例句

粵語

(1)
佢 下 禮 拜 就 要 考 試 喇 ， 呢
Keoi5 haa6 lai5 baai3 zau6 jiu3 haau2 si3 laa3 ， ni1

幾 晚 開 通 頂 ， 見 親 佢 都 係
gei2 maan5 hoi1 tung1 deng2 ， gin3 can1 keoi5 dou1 hai6

金 睛 火 眼 嘅 。
gam1 zing1 fo2 ngaan5 gaam2 。

(2)
佢 係 老 江 湖 喇 ， 乜 事 未 見
Keoi5 hai6 lou5 gong1 wu4 laa3 ， mat1 si6 mei6 gin3

過 ？ 有 乜 嘢 係 呃 得 過 佢 對
gwo3 ？ Jau5 mat1 je5 hai6 ngaak1 dak1 gwo3 keoi5 deoi3

金 睛 火 眼 㗎 ？
gam1 zing1 fo2 ngaan5 gaa2 ？

普通話

(1)
他 下 星 期 就 要 考 試 了 ， 這
Tā xià xīng qī jiù yào kǎo shì le ， zhèi

幾 天 都 通 宵 開 夜 車 。 見 到
jǐ tiān dōu tōng xiāo kāi yè chē 。 Jiàn dao

他 都 是 雙 眼 熬 得 通 紅 通 紅
tā dōu shì shuāng yǎn áo dé tōng hóng tōng hóng

的 。
de 。

(2)
他 是 老 江 湖 了 ， 甚 麼 事 沒
Tā shì lǎo jiāng hú le ， shén me shì méi

見 過 ？ 有 甚 麼 事 能 騙 得 過
jiàn guo ？ Yǒu shén me shì néng piàn dé guo

他 那 雙 厲 害 的 眼 睛 ？
tā nèi shuāng lì hai de yǎn jing ？

m4　de2　m4　diu3

唔嗲唔吊

　　海倫年輕時也談過**轟轟**烈烈的戀愛。她與男朋友青梅竹馬,他溫柔勤奮,也喜歡潛水滑雪,特別愛攀山。

　　某年二人已約定 4 月去登喜馬拉雅山,尼泊爾導遊說近來天氣雪多風猛,勸他們改到 10 月。可是二人已請好大假,只能如期出發。他們排除萬難爬到了海拔五千多米的珠峰大本營,海倫「高反」加重,又吐又拉。男友請導遊把她送下山,自己去爬離珠峰還剩下的兩千多米。

　　他穿着一身橙色登山服,在雪山映襯下顯得挺拔奪目。

　　那天風雪特別猛烈,有幾個從峰頂返回的登山者被颳到了雪山的凹陷處。

　　男朋友沒有回來。

　　海倫怪自己勸阻男友不力,又對自己說他只是受傷被人救到了尼泊爾休養。直到多年後網絡普及,有個登山者把當年拍的照片放上了網絡,悼念為登山理想獻身的殉難者。其中有人是穿橙色登山服的,安詳地躺在雪地上。

　　海倫這才接受了男友再也回不來的事實。

　　她長時間地不說不笑,把精力都投放到工作中,像殭屍一般了無生氣。後來玉娟向她介紹過幾位男士,只望她能在新的戀愛中走出傷痛。海倫卻**唔嗲唔吊**的,不是忘了約會就是對人不冷不熱。

　　沈伯也動了惻隱之心,約了海倫到蘭桂坊喝酒,以長輩身份去說服她:「你再這樣**唔嗲唔吊**,就要孤獨終老了。」

　　海倫趁着酒意,說出了心底話:「一個人走進了你的內心,就永遠拔不出來了。有他陪伴,又怎麼會孤獨終老?我常去西藏做點善事,就是希望能面向喜馬拉雅山對他說說心裏話……沈 uncle,你內心一定也有一個拔不出來的人,所以你後來對所有的女人也**唔嗲唔吊**的……我說得對嗎?」

　　沈伯在成都時與一名女子心心相印,卻未可走出結果。女子走進了他的內心與他日夜相伴。後來與他來往的女子也不少,但他只是**唔嗲唔吊**地逢場作戲。

　　沈伯被海倫一言擊中,只能沉默。

釋義

指對事情無所謂、不上心的態度。貶義詞。對應普通話可說「漫不經心」。

例句

粵語

(1)
Nei5 你 dou1 都 zou6 做 zo2 咗 je5 嘢 saam1 三 sei3 四 nin4 年 laa1 啦 ， gung1 工
zok3 作 dim2 點 nang4 能 gau3 夠 gam3 咁 **m4 唔** **de2 嗲** **m4 唔** **diu3 吊** gaa3 㗎 ？ ？
Ceot 出 gam2 噉 ge3 嘅 co3 錯 zan1 真 hai6 係 hou2 好 m4 唔 jing1 應 goi1 該
wo3 喎 。

(2)
Ji4 而 gaa1 家 m4 唔 siu2 少 nin4 年 hing1 輕 jan4 人 deoi3 對 zi6 自 gei2 己 ge3 嘅
fan1 婚 jan1 姻 dou1 都 **m4 唔** **de2 嗲** **m4 唔** **diu3 吊** ， bat1 不 fan1 婚 bat1 不
juk6 育 sing4 成 zo2 咗 fung1 風 hei3 氣 。 Se5 社 wui2 會 deoi3 對 ho2 可 nang4 能 。
caan2 產 sang1 生 ge3 嘅 man6 問 tai4 題 jiu3 要 zou6 做 hou2 好 zeon2 準 bei6 備

普通話

(1)
Nǐ 你 zuò 做 shǐ 事 dōu 都 sān 三 sì 四 nián 年 le 了 ， gōng 工 zuò 作
nǎ 哪 néng 能 zhè 這 yàng 樣 màn 漫 bù 不 jīng 經 xīn 心 ？ Chū 出 zhè 這
yàng 樣 de 的 cuò 錯 zhēn 真 shì 是 hěn 很 bù 不 gāi 該 。

(2)
Xiàn 現 zài 在 bù 不 shǎo 少 nián 年 qīng 輕 rén 人 duì 對 hūn 婚 yīn 姻 dōu 都
hěn 很 bú 不 shàng 上 xīn 心 ， qīng 輕 bù 不 bú 不 yù 育 zhèng 正 chéng 成
wéi 為 fēng 風 qì 氣 。 Shè 社 huì 會 duì 對 chǎn 產 shēng 生 de 的 wèn 問
tí 題 yào 要 zuò 做 hǎo 好 zhǔn 準 bèi 備 。

3 甩甩漏漏

　　小美大學畢業後，在兩家出教材補充練習的小型出版社工作過。

　　第二家公司的老闆因個子小，人稱「小老闆」。小老闆說請小美是重視她以前的工作經驗。

　　上班之後，小老闆常向她打聽前一家公司的情況。小美明白他是想了解對方的商業秘密，出言便謹慎。這是香港很多打工仔的職業自覺。加上她內向安靜，對公司內幕知道得很少，能告訴小老闆的更不多。

　　小老闆還不時把小美叫進自己的房間，打聽哪個作者最有貨色，拿多少巴仙的版酬，哪個作者交稿質素高，哪個作者的稿是**甩甩漏漏的**……

　　這老闆本在銀行打工，後來開了這家小公司，因為邀請的作者能力不如小美的前東家，生意略為遜色。

　　有一天小老闆直說想通過小美請某某作者吃飯。

　　小美心一跳，明白小老闆是想挖角，忙藉口與作者不熟婉拒了。

　　過了幾天，小老闆走到她的辦公桌旁，手上拿着一份稿件，當着一大屋子同事的面說她工作粗心，稿子做得**甩甩漏漏**的。

　　旁邊一位男同事忙解釋這份稿是他做的。他第二天就辭職了，臨走時告訴小美，小老闆總疑心每個同事都是來公司套取秘密的間諜。

　　小美把這事告了弗洛拉，說：「是他自己做事**甩甩漏漏**吧，連稿子是誰做的都沒弄清楚就來問罪。」

　　弗洛拉分析，小老闆本想通過小美套取情報和挖作者跳槽，小美不配合，他就想炒小美魷魚，但又不願賠償解聘費，便當眾演戲想落小美的面子，逼她自動辭職。

　　可惜劇本太**甩漏**了。

　　但小美後來果然自動辭職了。

　　那天她請了假陪老媽去看病，辦完事看時間還早，便回公司去趕做後天要交下一手的稿件。

　　回到公司，卻見小老闆正領着幾個人在翻她辦公桌的抽屜。小美的突然出現，叫一屋子的人都呆住了，小老闆的五官也定格了。

　　小美腦子忽然電光一閃：小老闆在找她是商業間諜的證據！

　　她即時上前收拾自己的東西，說：「我辭職！」

　　聲音柔弱，卻異常堅定。

　　指做事和其成果不完善，有缺陷，有錯漏，也可說成「甩漏」。貶義詞。對應普通話可說「丟三拉四」。

✏️ 例句 ●●

粵語

(1)
Jiu3 要　gaau3 教　di1 啲　sai3 細　lou6 路　go1 哥　cung4 從　sai3 細　joeng5 養　sing4 成　zyun1 專
sam1 心　zou6 做　si6 事　ge3 嘅　zaap6 習　gwaan3 慣　。　Daai6 大　zo2 咗　zou6 做
je5 嘢　sin1 先　zi3 至　wui5 會　siu2 少　di1 啲　lat1 **甩**　lat1 **甩**　lau6 **漏**　lau6 **漏**　ge3 嘅
je5 嘢　je5 嘢

(2)
Ni1 呢　fan6 份　se5 社　wui2 會　tiu4 調　caa4 查　bou3 報　gou3 告　zou6 做　dak1 得　hou2 好
kau4 求　kei4 其　，　hou2 好　do1 多　noi6 內　jung4 容　dou1 都　lat1 **甩**　lat1 **甩**　lau6 **漏**
lau6 **漏**　，　mou5 冇　mat1 乜　caam1 參　haau2 考　gaa3 價　jik6 值　。

普通話

(1)
Yào 要　jiāo 教　xiǎo 小　péng 朋　yǒu 友　cóng 從　xiáo 小　yǎng 養　chéng 成　zhuān 專　xīn 心
zuò 做　shì 事　de 的　xí 習　guàn 慣　，　zhǎng 長　dà 大　gōng 工　zuò 作　de 的
shí 時　hou 候　cái 才　bú 不　huì 會　diū 丟　sān 三　là 拉　sì 四　。

(2)
Zhèi 這　fèn 份　shè 社　huì 會　diào 調　chá 查　bào 報　gào 告　zuò 做　de 得　hén 很
mǎ 馬　hu 虎　，　hěn 很　duō 多　nèi 內　róng 容　dōu 都　yǒu 有　cuò 錯　。
lòu 漏　　méi 沒　shén 甚　me 麼　cān 參　kǎo 考　jià 價　zhí 值

4 闊佬懶理

張家家有喜事了。

張家幾代都只有一個兒子，所謂的幾代單傳。到了保羅這一代，張家父母自然希望小夫妻能生下一兒半女。

前面的〈七國咁亂〉中提到，兒媳阿梅年輕，玩心大，對生孩子事一直***闊佬懶理***。

後來張老太嚇唬她：「不能再***闊佬懶理***了。年紀大生的孩子可能會不健康的啊，兔唇啦，唐氏綜合症啦，多個指頭啦……」

阿梅聽得心驚肉跳：「媽您別說了，我生就是了。」

阿梅備孕時，偏又遇上了東莞的黃綠醫生，白費了時間。好在後來經過北京來的醫生用中西醫手段結合治療，才懷上了孩子。

張老太又吩咐：「先別聲張，BB 小氣，揚開了他會不高興，一不高興就不願意來人間了。」

阿梅對這些老掉牙的傳說***闊佬懶理***，天天和朋友煲電話粥，恨不得天下都來和她分享懷上孩子的喜悅。

阿梅懷孕反應很大，總是作嘔想吐，在客廳「嗷嗷」叫的聲音，連鄰居都聽得到。保羅怕 BB 會小氣，勸阿梅想吐時躲進廚房。

阿梅大為不滿：「大肚婆排第一！保羅我問你，你是心疼老婆還是要關照你那些鄰居？」

保羅本想解釋，阿梅任性地堵住耳朵：「不聽不聽……」

她照常在客廳作嘔或者真嘔，對保羅的規勸***闊佬懶理***。

張老太聽了兒子的抱怨，打電話給阿梅，又使出了嚇唬的一招：「阿梅呀，媽知道你辛苦，可是還是那句話：BB 小氣，揚到人人都知道他會不高興，一不高興……」

「他就不願意出生了……是不是？」阿梅對婆婆的話語術已經非常熟悉，應付道：「好好，您放心，再作嘔我就躲到廚房……嗷嗷嗷……」

她坐在客廳沙發上大聲乾嘔。

「快快快，躲進廚房去……」張老太在電話那頭急忙催促。

阿梅***闊佬懶理***地癱在沙發上，更大聲地、肆無忌憚地「嗷嗷，嗷嗷，嗷嗷嗷……」。

釋義

形容對人或事不關心，或想撇清關係。中性詞。對應普通話可說「懶得理會」。

例句

粵語

(1)
Keoi5　jan1　wai6　dou2　bo1　caang1　lo6　jan4　dei6　m4　siu2
佢　　　因　　為　　賭　　波　　爭　　　落　　人　　哋　　唔　少

zaai3　mou6　，　hai6　keoi5　zi6　gei2　ge3　si6　laa1　keoi5
債　　　務　　，　係　　佢　　　自　　己　　嘅　　事　　，　　佢

aa3　go1　gang2　hai6　fut　lou2　laan5　lei5　laa1
阿　　哥　　梗　　　係　　**闊**　**佬**　**懶**　　**理**　啦　。

(2)
Gung1　jik1　ge3　si6　jiu3　daai6　gaa1　jat1　cai4　zou6
公　　　益　　嘅　　事　　要　　大　　　家　　一　　齊　　做

ge2　。　Jan4　jan4　dou1　fut3　lou2　laan5　lei5　，　dim2
嘅　　。　人　　　人　　都　　**闊**　**佬**　**懶**　　**理**　，　點

wui4　zou6　sing4　gung1　gaa3
會　　　做　　成　　　功　　　㗎

普通話

(1)
Tā　yīn　wèi　dū　qiú　qiàn　le　bié　ren　bù　shǎo
他　因　　為　　賭　球　　欠　　了　別　　人　　不　少

qián　，　zì　rán　shì　zì　jǐ　de　shì　，　tā
錢　　，　自　然　　是　自　己　的　事　，　他

gē　bié　ren　bù　guǎn　de
哥　別　　人　　不　管　　的　。

(2)
Gōng　yì　de　shì　yào　dà　jiā　yì　qǐ　zuò　shì
公　　　益　的　事　　要　　大　家　一　起　做　　事

de　。　Rén　ren　me　dōu　dà　mò　bù
的　。　人　　人　　麼　都　　大　漠　不

qíng　zěn　me　huì　guān　yì　xīn　zuò　qǐ
情　　　怎　　麼　會　　關　　一　心　　做　起

chéng　gōng
成　　　功　？

5 唔湯唔水

在教科書出版社做了幾十年文員的阿敏，因為新來的行政部主管佐伊的提議，晉升為二級文員。全家人都說應該好好慶祝慶祝。

彷彿是命中安排，阿敏最近常收到發展商的電話，推介免費到中山參觀新樓盤。

最初阿敏只是搪塞兩句。但自從有了「慶祝」計劃，便有點兒心動：何不趁機全家到中山免費一遊？她老公甚至說，若新樓價錢合適，不妨也買一套。幾年後他和阿敏就退休了，到那邊養老也不錯呀。

全家人一眼就相中了新樓盤一個單元的方向位置，兒子特別喜歡南向的大房間。在香港，阿敏一家四口蝸居在幾百呎爬五層樓梯的唐樓，相比這裏千多呎的電梯房價錢就太有吸引力了。阿敏覺得辛苦了一輩子，也是時候住住豪宅了，何況深中通道開通後，從這裏到香港才一個半小時！

全家人決定即付訂金，兒女答應除了首期湊份子，月供款也湊一份。

只是新樓還只是***唔湯唔水***地建到三分之二，售樓員說一年後保證可以交樓。

阿敏在出版社天天談她的新樓，上下都知道她要當豪宅的主人了。

人事部主管姬瑪也有興趣入市，提出開車跟阿敏走一趟實地考察。

阿敏想到要有個多小時對着姬瑪，不知說甚麼話題，太尷尬了，便婉言道：「新樓還***唔湯唔水***的，有甚麼看頭？還是等建好再去吧。」

她想的是能拖一會兒就拖一會兒。

她和老公卻幾乎一兩個星期就上去一次，看到的樓宇都還是***唔湯唔水***的狀態，便擔心會拖成「爛尾樓」，焦灼之餘想到了姬瑪，便好心地勸她觀察觀察再入市。

不料姬瑪早就通過各方面的朋友，證實只要目前在外地的工程隊過來，大樓只需要半年時間就能封頂。

阿敏放下了心，又有些意難平：她想到了與姬瑪信息共享，可姬瑪了解了內情卻對她保密！

老公倒想得開，說姬瑪要告訴她阿敏，也得有個合適的機會吧。

阿敏讓老公一開導，氣也就消了。

指事情只做到一半。通常指工作做到半吊子,不如人意。貶義詞。對應普通話可說事情做到「不三不四」。

例句

粵語

(1)
公司炒佢嘅原因好簡單,事因佢做嘢**唔湯唔水**,要其他同事執手尾。

(2)
A計劃喺表面上睇落幾好,不過而家仲只係實行咗一半,**唔湯唔水**好難去做評價。

普通話

(1)
公司解聘他的原因很簡單,就因為他做事總是沒有交代,要讓別的同事善後。

(2)
A計劃表面看去不錯,但現在只是實行了一半,不三不四的還很難去評價。

6 講 得 口 響

讀過古典名著《三國演義》的讀者都知道「失街亭」的故事。

蜀國丞相諸葛亮在劉備死後，全力輔助劉備的後人統管蜀國。他決意北上討魏，上呈了著名的《出師表》，對後主婉言規勸要廣開言路和遠離小人，並表明了對先帝劉備的忠心。

戰略部署上諸葛亮派將領分守南北方向。北路由馬謖統領，負責鎮守蜀、魏間的咽喉通道街亭。諸葛亮再三叮囑馬謖：需在平地要道佈兵。但馬謖未聽從，反將兵力紮寨山上。魏軍打來，先切斷了蜀軍山下水源，圍山強攻。蜀軍缺水，連飯都做不成，軍心大亂，紛紛逃散。馬謖狼狽殺出重圍，返回蜀營。

這邊街亭失守，那邊魏國曹軍的大將司馬懿領兵進逼蜀國西城。

西城趙雲大軍已外出，城中兵力老弱。諸葛亮險中生智，坐鎮城門，品酒撫琴，看去太平安逸。司馬懿便疑心城中有重兵埋伏，於是退兵觀望。待查明真相想返回時，蜀將趙雲已領大軍返回西城，魏軍方知中了諸葛亮的「空城計」。

馬謖罪無可恕，諸葛亮下令將其問斬，這便是〈諸葛亮揮淚斬馬謖〉的故事。所以揮淚，是因馬謖熟讀兵書，談起軍事來像模像樣的，很得諸葛亮賞識。

可惜馬謖的軍事理論只是***講得口響***，關鍵時刻卻派不上用場。諸葛亮才後悔不聽劉備臨終的囑咐：馬謖言過其實，不可重用。

「言過其實」便是說馬謖說話浮誇，超過其實際能力，即說其人***講得口響***，會說漂亮話，實際操作卻完全不行。

今天的社會，上下都吃過***講得口響***的虧，故引為教訓。管理中不時引用〈失街亭〉和〈揮淚斬馬謖〉的故事，說明察人不可只憑他***講得口響***，而要考察其人的實際能力。發現用人不當時，便要壯士斷臂，強力糾正。

個人也要從傳統文化中學習交友的智慧。有的人能言善辯，只是***講得口響***，實際上對朋友並不真誠。看透了這種人不可深交時，更要及時遠離。

　　形容會說漂亮話，但做起來卻不是那麼回事。貶義詞。對應普通話可說「說得好聽」。

✎ 例句 ●●

粵語

(1)

Keoi5	jing6	hai6	sik1	hau2	seoi2	faa1	pan3	pan3	gong2	dak1
佢	淨	係	識	口	水	花	噴	噴	**講**	**得**

hau2	hoeng2	jau5	mat1	jung6	?	Lik1	ceot1	di1	sat6
口	**響**	有	乜	用	？	扐	出	啲	實

zai3	xing4	zik1	lei4	tai2	haa3	sin1	zi3	syun3	jau5	bun2
際	成	績	嚟	睇	下	先	至	算	有	本

si6
事 ！

(2)

Keoi5	waa6	sik1	dak1	bin1	go3	bin1	go3	gong2	dak1	hau2
佢	話	識	得	邊	個	邊	個	**講**	**得**	**口**

hoeng2	,	zan1	hai6	jiu3	keoi5	ceng2	lei4	zou6	gaa1	ban1
響	，	真	係	要	佢	請	嚟	做	嘉	賓

keoi5	zau6	nap1	seng1	m4	ceot1	laa3
佢	就	粒	聲	唔	出	喇 。

普通話

(1)

Tā	zhǐ	huì	tuò	mo	xīng	zi	héng	fēi	kuā	kuā
他	只	會	唾	沫	星	子	橫	飛	誇	誇

qí	tán	yǒu	shén	me	yòng	?	Ná	chū	diǎnr	
其	談	有	甚	麼	用	？	拿	出	點兒	

chéng	jì	lái	kàn	kan	cái	suàn	yóu	běn	shi	
成	績	來	看	看	才	算	有	本	事	！

(2)

Tā	chéng	tiān	shuō	rèn	shi	shéi	shéi	shéi	shuō	dé
他	成	天	說	認	識	誰	誰	誰	說	得

hǎo	tīng	,	zhēn	ràng	tā	qǐng	lái	zuò	jiā	bīn
好	聽	，	真	讓	他	請	來	做	嘉	賓

tā	jiù	yǐ	shēng	bù	kēng	le				
他	就	一	聲	不	吭	了				。

阿楊人到中年想創業，遇上老同學兼老朋友偉龍也想創業。偉龍專程從加拿大回港，找了幾個大學時期的老同學一起謀劃。

但要開辦公司哪有一帆風順的？各人年輕時雖是砂煲兄弟，但多年經歷社會的敲打磨煉，性格、想法、行事方式都有了不少變化。討論公司創業事宜時就常有不同意見，有時吵得面紅耳赤，說出的話也不太好聽。

近日偉龍太太提出要分居，偉龍藉口談生意回了香港，想暫且迴避，也是想彼此都冷靜冷靜。他性格本就有點兒急，在這種心境下說話有時便很火爆，還會說出傷人的話。諸如：「你做學生的時候碰上事就是縮頭烏龜，現在是老縮頭烏龜！」

大家當場都要散了，還是楊太太攔住說：「紅豆沙快煮好了，吃了再走吧。一大鍋的我和阿楊可吃不過來。」

各人才勉強留了下來。

不管大家怎麼鬧，阿楊都不惱不急。大家吵到幾乎翻天時，他也只是心平氣和地發表自己的看法。

有一天，大家吵得有點累了，坐下喘氣時，才發現阿楊是唯一一個沒有動過氣的。

偉龍便說：「嘀，阿楊你還真是個**濕水炮仗**，一點火氣都沒有，阿嫂真是好調教！」

阿楊笑笑，慢吞吞地說：「我吵不過你們，就有話好好說唄。你們吵來吵去，我擔心創業計劃會泡湯，成了點不着的**濕水炮仗**了。」

大家一愣，想想有道理，一個個便自嘲着找台階下。

偉龍承認自己有時控制不了情緒。在朋友們追問下把家事一五一十地坦白了。

朋友們知道後，也怪自己說了重話。

偉龍說：「咱們為甚麼就不能學學阿楊做個好脾氣的『**濕水炮仗**』？十幾年前吵吵也就罷了，年輕氣盛嘛。可現在已人到中年，該有點智慧涵養了。」

大家都點頭稱是。

「炮仗」指鞭炮。濕了水的鞭炮是點不着的，形容人從不發脾氣；也指事情未能產生預期的結果；還可指對某種事物沉迷成癮。此義來自粵歇後語「濕水炮仗——死引」，「引」與「癮」同音而被借用。褒貶義均可。對應普通話可說「脾氣溫順」、「未能實現」或「成了癮」。

例句

粵語

(1)
Keoi5 aa3 baa4 hai6 hou2 hou2 sin1 saang1. Ngo5 zyu6 keoi5 dei6 gaak3 lei4, gam3 do1 nin4 gin3 keoi5 dou1 hai6 sap1 seoi2 paau3 zoeng2 gam2, deoi3 bin1 go3 dou1 siu3 siu3 hau2.

佢阿爸係好好先生。我住佢哋隔籬，咁多年見佢都係**濕水炮仗**嚟，對邊個都笑笑口。

(2)
Pang4 jau5 waa6 zi6 gei2 hai2 syu1 faat3 fong1 mim6 zi2 hai6 sap1 seoi2 paau3 zoeng2 jau5 pou1 sei2 jan5 ge3 ze1, mou5 mat1 tin1 fan6.

朋友話自己喺書法方面只係**濕水炮仗**有鋪死癮嘅啫，冇乜天份。

普通話

(1)
Tā bà ba shì pí qi hěn hǎo de rén. wǒ zhù tā men gé bì, zhè me duō nián kàn tā dōu shì hé he qì qì, duì shéi dōu xiào mī mī de.

他爸爸是脾氣很好的人。我住他們隔壁，這麼多年看他都是和和氣氣，對誰都笑咪咪的。

(2)
Péng you shuō zì jǐ duì shū fǎ bú guò shì chén mí yǒu yǐn bà le, méi shén me tiān fèn.

朋友說自己對書法不過是沉迷有癮罷了，沒甚麼天份。

8 煲冇米粥

bou1　mou5　mai5　zuk1

阿敏全家付了訂金買中山的樓盤，一女一兒說他們既給訂金也給月供。

業主就寫了四個人的名字。

回到香港大女兒很快就把錢打到了阿敏的銀行戶口，小兒子卻沒有動靜。

阿敏知道兒子多年來做電器連鎖店的銷售提成不少，住在家裏省了房錢，還常在家吃飯，該是能存些錢的。

阿敏對兒子便是各種旁敲側擊，兒子卻裝糊塗。明着說，他就推說下月，到下月又說等發雙糧一定給。

「哼，**煲冇米粥**呢。」阿敏說。

丈夫淡淡說：「兒子花錢大手大腳的，手頭也許真的沒錢。自己兒子，別計較了。」

阿敏覺得對女兒不公平：「不行，不能慣他總是**煲冇米粥**的毛病！」

有一天阿敏便對兒子明言：「阿仔，姐姐那份錢早就交了。你那份還是沒見一個子兒。再不交，就要把你從業主裏除名了。」

阿敏以為這激將法能讓兒子兌現承諾。

不料兒子輕飄飄地說：「除名就除名唄，那個樓盤只建了三分二，下面誰知道是不是**煲冇米粥**。」

阿敏生氣了：「你就是會找藉口。這次上去我就把你名字劃掉，答應給你的房間我就是養老鼠也不讓你去住！」

「不就是**煲冇米粥**的爛尾樓嗎？我怕你們的錢都要打水漂呢。」

阿敏氣得三天沒跟兒子說話。

這邊正僵着，姬瑪卻告訴了阿敏一個好消息：那個樓盤動工了。幾天就蓋好一層，看來能如期交樓呢。

那天兒女都正好在家裏吃晚飯。阿敏特意去「斬料」買了叉燒（烤肉）加菜，吃飯時宣佈了這個消息。故意朝兒子說：「人家不**煲冇米粥**了，你呢？還要**煲冇米粥**嗎？」

兒子嚼着叉燒嘟嘟嚷嚷說：「我又沒說不給。分期付款行不行？」

丈夫和女兒幫腔：「分期付就分期付吧，一家人哪計較得那麼多！」

阿敏的氣還沒消，說：「行，一發人工就給我過數！別又**煲冇米粥**了。」

煮粥但沒有放米，指事情沒有眉目，或做事不落實。也指未兌現原來說的話。貶義詞。對應普通話可說「無米之炊」或「沒影兒的事」。

例句

粵語

(1)

Ni1	pin3	gau6	lau2	waa6	zo2	jiu3	caak3	lei4	gin3	san1
呢	片	舊	樓	話	咗	要	拆	嚟	建	新
lau2	。	Gong2	zo2	gei2	nin4	dou1	m4	gin3	dung6	
樓		講	咗	幾	年	都	唔	見	動	！
zing6	，	zing6	hai6	sik1	bou1	mou5	mai5	zuk1		
靜		淨	係	識	**煲**	**冇**	**米**	**粥**		

(2)

Nei5	m4	hou2	teng1	keoi5	ce1	daai6	paau3	！	Keoi5	waa6
你	唔	好	聽	佢	車	大	炮	！	佢	話
ceng2	nei5	dei6	heoi3	leoi5	jau4	，	sap6	sing4	hai6	bou1
請	你	哋	去	旅	遊	，	十	成	係	**煲**
mou5	mai5	zuk1	。							
冇	**米**	**粥**								

普通話

(1)

Zhèi	piàn	jiù	lóu	fáng	shuō	shì	yào	chāi	le	jiàn
這	片	舊	樓	房	說	是	要	拆	了	建
xīn	de	。	Shuō	le	jǐ	nián	dōu	méi	dòng	
新	的		說	了	幾	年	都	沒	動	！
jing	，	hái	zhǐ	shì	méi	yǐngr	de	shì		
靜		還	只	是	沒	影兒	的	事		

(2)

Nǐ	bié	tīng	tā	chuī	niú	！	Tā	shuō	qíng	nǐ
你	別	聽	他	吹	牛	！	他	說	請	你
men	qù	lǚ	yóu	，	shí	chéng	huì	duì	xiàn	bù
們	去	旅	遊	，	十	成	會	兌	現	不
liǎo	。									
了										

9 撳地游水

蜀生是「發展部」副經理，他的頂頭上司經理甘仔一家人都在美國。

甘仔在公司做了多年，有了退職回美國的打算。除了拿強積金，他還能拿到公司一筆獎金。獎金根據服務年資和業績評定，前提是必須服務到規定的年頭，且不違犯公司的任何規條。

這兩筆錢夠他一家好好生活了。

甘仔被稱做「仔」，是他一直都有些少年氣概，做事有勇氣，敢拍板，為公司開創了一些項目。

自有了退職打算，甘仔謹慎多了，很少去跑業務，處理事情也過份謹慎。

公司的老員工便說：他明擺着是在熬獎金規定的服務年資。當年那個敢打敢闖的甘仔哪兒去了？

沈伯發現了甘仔的變化，在董事會上用「*撳地游水*」來形容甘仔眼下的狀態，說為了公司利益，甘仔可以保留職稱，但要把大部份職權移交給蜀生。一旦甘仔離職，蜀生也能順利接棒。

玉娟卻冷冷插了一句：「聽說蜀生的女朋友到香港了，正準備結婚。新婚兒女，人家也想過些安穩的日子。能保證他不會『*撳地游水*』嗎？」

沈伯一愣：他出差多日，剛回來，還沒收到風呢。按理說蜀生會把這消息告訴他的呀。

董事會上大多數人本來都支持沈伯的意見，經玉娟一說不由得動搖了，也覺得甘仔還在職，蜀生還是做他本來要做的事吧。甘仔辭職，再招聘一個就是了，也免得人家說蜀生是坐直升機上來的。

沈伯很惱火，散會時留下來直接問玉娟：「你可以針對我，又何必去針對一個年輕人？」

玉娟甩甩她那頭清湯掛麪式的頭髮：「他是普通的年輕人嗎？別以為我看不透你肚子裏的小九九，他怎麼來的公司？怎麼一步步的把他往上拱？你不就是想讓他把米高頂下來嗎？」

玉娟像極了她母親，好打聽，疑心重，固執冷漠。

這也是當年沈伯離開太太的原因。

但這次玉娟也道出了大部份實情。

　　「撳」是「按着」地面的意思，用手按着地面游泳，表示求安全穩妥；也可表示只見到動作，卻不見進步。貶義詞。對應普通話可說「原地踏步」。

例句 ●●●

粵語

(1)
Ngo5	aa3	baak3	haan4	si2	wui5	caau2	haa5	gu2	piu3	，
我	阿	伯	閒	時	會	炒	下	股	票	，

bat1	gwo3	dou1	hai6	**gam6**	**dei6**	**jau4**	**seoi2**	gam2	，	maai5
不	過	都	係	**撳**	**地**	**游**	**水**	嘅	，	買

gei2	zek3	laam4	cau4	gu2	sou1	haa5	sik1			
幾	隻	藍	籌	股	收	下	息	。		

(2)
Dim2	gaai2	ni1	go3	fong1	ngon3	teoi1	hang4	zo2	gam3	noi6
點	解	呢	個	方	案	推	行	咗	咁	耐

dou1	zi2	hai6	**gam6**	**dei6**	**jau4**	**seoi2**	，	m4	gin3	jau5
都	只	係	**撳**	**地**	**游**	**水**	，	唔	見	有

mat1	zeon3	zin2	ge2	？						
乜	進	展	嘅	？						

普通話

(1)
Wǒ	bó	bo	yǒu	kòngr	huì	qù	cháo	chao	gǔ	
我	伯	伯	有	空兒	會	去	炒	炒	股	

piào	，	bú	guò	zhǐ	shì	wén	tuǒ	de	mǎi	jǐ
票	，	不	過	只	是	穩	妥	地	買	幾

zhī	lán	chóu	gǔ	shōu	shou	lì	xi			
隻	藍	籌	股	收	收	利	息	。		

(2)
Zěn	me	zhèi	ge	fāng	àn	tuī	xíng	le	zhè	me
怎	麼	這	個	方	案	推	行	了	這	麼

cháng	shí	jiān	dōu	zhǐ	shì	yuán	dì	tà	bù	，
長	時	間	都	只	是	原	地	踏	步	，

kàn	bu	dào	yǒu	shén	me	jìn	zhǎn	de	ne	？
看	不	到	有	甚	麼	進	展	的	呢	？

10 翹埋雙手

中國歷史上戰爭頻繁，各方諸侯為了壯大力量，奪取地盤，便時而與他方結盟合作，時而又與他方對立交戰。他們既無永久的朋友，也無永久的敵人。在危急關頭，為了保存自己的實力，還常有一方**翹埋雙手**，不去幫助交戰的任何一方，只是在自己的壁壘上旁觀雙方廝殺，坐山觀虎鬥。

史書上以「作壁上觀」描述這一狀況。

最早出現「作壁上觀」一說，是在兩千多年前西漢司馬遷的《史記·項羽本紀》裏，原文是：「及楚擊秦，諸將皆作壁上觀。」

《項羽本紀》記錄了歷史上七國時期的一段戰事。

前文〈七國咁亂〉也說過，戰國時期有七個國家你爭我奪，多國曾結盟聯手對抗秦國。在一場「鉅鹿之戰」（今河北省邢台市）中，各國大軍已集結巨鹿，打算救出被秦軍圍困的趙國。秦國派出的是最精銳的兩支大軍，各國將領心有忌憚，便只是屯兵外圍，不敢貿然出兵。

楚國大軍的副將項羽一心求戰，但主將卻**翹埋雙手**按兵不動。項羽怒殺主將向楚王求得軍權，率兵渡過漳水河去迎戰秦軍。為求必勝，項羽只發給將士三天乾糧，下令砸爛飯鍋，沉下船隻，不留退卻的後路。

「破釜沉舟」後的楚軍背水一戰，深知沒有退路，決心與秦拼一死戰。他們如下山猛虎，以一當十，喊聲震天，以 5 萬兵力戰勝秦軍的 40 萬大軍。秦軍被打得落花流水，實力殆盡。

那些**翹埋雙手**只作壁上觀的各國軍隊也被眼前的壯觀戰事震懾，對項羽佩服不已。

巨鹿之戰結束，項羽威望大振。當他召見那些只會**翹埋雙手**看輸贏的各國將領時，他們都又懼又愧，只敢跪着入帳參拜，不敢抬頭仰看項羽。

項羽自此成了各國反秦聯軍的首領。

「作壁上觀」自此成了成語，後不限於指戰事，引伸指**翹埋雙手**對事物旁觀或置身事外的態度。

釋義

抱着雙手旁觀事態，不予以幫助。也可指處在悠閒狀態。可貶可褒。對應普通話可說「袖手旁觀」或「悠閒自在」。

例句

粵語

(1) 新(San1) 年(nin4) 大(daai6) 掃(sou3) 除(ceoi4) ，人(jan4) 人(jan4) 都(dou1) 落(lok6) 手(sau2) 落(lok6) 腳(goek3) 去(heoi3) 做(zou6) 。得(Dak1) 佢(keoi5) **翹(kiu5) 埋(maai4) 雙(soeng1) 手(sau2)** 坐(co5) 埋(maai4) 一(jat1) 便(bin6) ，仲(zung6) 玩(waan2) 埋(maai4) 手(sau2) 機(gei1) 添(tim1) 。

(2) 王(Wong4) 先(sin1) 生(saang1) 後(hau6) 生(saang1) 時(si2) 做(zou6) 嘢(je5) 好(hou2) 搏(bok3) 命(meng6) ，措(儲)(cou5) 埋(maai4) 唔(m4) 少(siu2) 錢(cin2) ，到(dou3) 老(lou5) 咗(zo2) 咪(maai6) **翹(kiu5) 埋(maai4) 雙(soeng1) 手(sau2)** 嘆(taan3) 世(sai3) 界(gaai3) 囉(lo1) 。

普通話

(1) 新(Xīn) 年(nián) 大(dà) 掃(sǎo) 除(chú) ，每(měi) 個(ge) 人(rén) 都(dōu) 下(xià) 場(chǎng) 動(dòng) 手(shǒu) 去(qù) 做(zuò) 。只(Zhí) 有(yǒu) 他(tā) 在(zài) 一(yì) 邊(biān) 袖(xiù) 手(shǒu) 旁(páng) 觀(guān) ，後(hòu) 來(lái) 還(hái) 玩兒(wánr) 起(qǐ) 了(le) 手(shǒu) 機(jī) 。

(2) 王(Wáng) 先(xiān) 生(sheng) 年(nián) 輕(qīng) 時(shí) 做(zuò) 事(shì) 很(hěn) 拼(pīn) ，就(jiù) 積(jī) 攢(zǎn) 了(le) 不(bù) 少(shǎo) 錢(qián) 。到(Dào) 老(lǎo) 了(le) 了(le) 悠(yōu) 哉(zāi) 悠(yōu) 哉(zāi) 去(qù) 享(xiǎng) 受(shòu) 人(rén) 生(shēng) 了(le) 唄(bei) 。

甘仔要離職，公司很多人都暗中議論，看好蜀生要接發展部經理的班，甘仔自然也聽到一兩句了，只有蜀生還是被蒙在鼓裏。

一是他的粵語還不過關，聽不出人家話裏有話；二是他本質上是個比較純良的人，做事一板一眼，沒去想人事變化與他的關係；三是他的精力還是放在工作上，確實也沒那麼多的時間和閒心去琢磨事。

蜀生按一貫的做法，大小事都向甘仔彙報，有疑難也向他請教。

有一天甘仔剛和在美國的老婆通完視頻，老婆說家裏的下水道堵了，請人上門清理要三天之後。大熱天的，大人小孩都不敢洗澡，只好醃「鹹鴨蛋」（指身上有泥和鹹味）了。

甘仔正要去會議室開會，讓老婆一番囉唆困住，正心煩，偏這時蜀生推門進來問到一批貨的價錢，便不耐煩答他：「照舊！按上批貨*照板煮碗*！」

蜀生不明白「*照板煮碗*」的意思，又不識時務地請教：「就是說……」

甘仔情緒正欠佳，便有點不耐煩地回他：「就是你們說的照葫蘆畫瓢！唉，這麼點小事都拿不定主意，還指望當經理……」

他掰開蜀生的肩膀便衝去會議室。

蜀生竟沒聽出甘仔話裏的譏諷和怨氣，卻對着報價表發呆：怎麼能按以前的價錢*照板煮碗*呢？有幾種來貨一年來已經提高了若干巴仙，還按以前的價賣出，公司吃大虧了。

蜀生便等甘仔回來更正價格。

那天公司的會開到很晚才結束。甘仔了解了公司的近況，知道自己離職的獎金可能也會水漲船高，心情大好，哼着小曲回來，見到蜀生還在等他，便有點歉意。

甘仔調整了價格後簽字，心裏感謝蜀生為他在最後的服務時段保住了不出錯漏，也就保住了獎金：「虧得你細心，的確是不能*照板煮碗*！謝謝了，我請你吃飯……噢，女朋友正在家裏等呢。你啊，裏裏外外都是好男人！」

麗渝來了，這次是為婚姻註冊登記來的。

釋義

　　形容按老樣子模仿，照以前的辦。中性詞。對應普通話可說「照葫蘆畫瓢」或「按老規矩辦」。

例句

粵語

(1)
Soeng2 hok6 zing2 gei2 mei2 ? Ji4 gaa1 mong5 soeng6 jau5
想 學 整 幾 味 ？ 而 家 網 上 有
m4 siu2 si6 pan4 hai6 gaau3 jau4 zyu2 sung3 ge3 ，
唔 少 視 頻 係 教 人 煮 餸 嘅
ziu3 baan2 zyu2 wun2 mai6 dak1 lo1
照 板 煮 碗 咪 得 囉 。

(2)
Ziu3 faan1 ji5 cin4 go2 tou3 fong1 faat3 ziu3 baan2 zyu2
照 返 以 前 嗰 套 方 法 **照 板 煮**
wun2 m4 hai6 m4 dak1 daan6 hai6 gaau2 gaau2 san1
碗 唔 係 唔 得 ， 但 係 搞 搞 新
ji3 si1 m4 hai6 gang3 hou2 me1 ?
意 思 唔 係 更 好 咩 ？

普通話

(1)
Xiǎng xué zuò jǐ ge cài ? Xiàn zài wǎng shang
想 學 做 幾 個 菜 ？ 現 在 網 上 ，
yǒu bù shǎo jiāo rén zuò cài de shì pín
有 不 少 教 人 做 菜 的 視 頻
zhào hú lu huà piáo jiù shì le
照 葫 蘆 畫 瓢 就 是 了 。

(2)
Zhào yǐ qián nèi tào fāng fǎ mó fǎng bú shì
照 以 前 那 套 方 法 模 仿 不 是
bù xíng qián dàn shì yǒu diǎnr xīn yì bú shì
不 行 ， 但 是 有 點兒 新 意 不 是
gèng hǎo ma ?
更 好 嗎 ？

12 一眼關七

　　仙蒂的補習社自開張以來，學生和補習老師都比較穩定。但這一年附近開了幾家新補習社，拉走了不少學生和老師。

　　仙蒂和弗洛拉已相處多時，彼此欣賞，不時會說點兒心裏話。

　　弗洛拉明白仙蒂的焦慮，她悄悄去做了調查，回來建議把補習社搬到兩條街以外的豪華商場。

　　仙蒂搖頭：「那租金不是得翻倍嗎？」

　　弗洛拉不慌不忙地說出理由：豪華商場後面有多棟豪華住宅樓，不少住戶是通過「優才計劃」到香港的新移民家庭。這些家庭的孩子普遍需適應香港教育，補習社是每個家庭的剛需。補習社開在家門口，他們就不會捨近求遠，自然能吸引到學生。有學生還用擔心租金嗎？

　　另外，可以開設粵語班，既教粵語，也教點兒香港的文化習俗。孩子可以來學，家長也可以來學，交費就是了。

　　仙蒂還是發愁：「老師呢？教材呢？」

　　弗洛拉笑笑：「我小姑子阿秋大學畢業暫時找不到合心意的工作，可以讓她找幾個同學來幫忙。他們讀書時一直兼職替中小學生補習，有經驗着呢。教材嘛，我託出版社的朋友小美去打聽了……」

　　仙蒂誇道：「弗洛拉你一**眼關七**，是幹大事的人才！呆在我這小補習社，真是浪費了你了！」

　　仙蒂按弗洛拉的意見辦，學生多了三倍，要擴充了。

　　培哥對仙蒂說：「你打哪兒找來這麼個一**眼關七**的幹將？快開設個執行總經理的位置留住她！」

　　弗洛拉卻婉拒了，以懷孕的藉口辭了職。

　　弗洛拉走後，仙蒂對阿秋便加倍地好，從阿秋嘴裏得知，弗洛拉以前是一家著名會計師行的高級公關經理，收入和生活都光鮮亮麗。後來被男朋友騙光了金錢，決心過另一種生活，交了平凡的新男友，嫁入了平凡的家庭，從事平凡的工作。

　　「怪不得！」仙蒂對培哥感慨，「她那些一**眼關七**、落落大方的作風是由高端職場訓練出來的呢。」

形容人機智靈活，遇事善於觀察了解，很有眼光。褒義詞。對應普通話可說「眼觀六路，耳聽八方」。

例句

粵語

(1) 呢(Ni1)個(go3)計(gai3)劃(waak6)事(si6)關(gwaan1)香(Hoeng1)港(gong2)人(jan4)嘅(ge3)居(geoi1)住(zyu6)福(fuk1)祉(zi2)，需(seoi1)要(jiu3)啲(di1)嘅(ge3)一(jat1)**眼(ngaan5)關(gwaan1)七(cat1)**、作(zok3)風(fung1)幹(gon3)練(lin6)嘅(ge3)官(gun1)員(jyun4)嚟(lei4)主(zyu2)持(ci4)。

(2) 佢(Keoi5)性(sing3)格(gaak3)內(noi6)向(hoeng3)，唔(m4)多(do1)出(ceot1)聲(seng1)，同(tung4)佢(keoi5)巴(baa1)辣(laat3)能(nang4)幹(gon3)一(jat1)**眼(ngaan5)關(gwaan1)七(cat1)**嘅(ge3)太(taai3)太(taai2)又(jau6)好(hou2)夾(gaap3)。

普通話

(1) 這(Zhèi)個(ge)計(jì)劃(huà)和(hé)香(Xiāng)港(gǎng)人(rén)的(de)居(jū)住(zhù)福(fú)利(lì)有(yǒu)關(guān)，需(xū)要(yào)一(yí)個(ge)長(cháng)袖(xiù)善(shàn)舞(wǔ)、作(zuò)風(fēng)幹(gàn)練(liàn)的(de)官(guān)員(yuán)來(lái)主(zhǔ)持(chí)。

(2) 他(Tā)性(xìng)格(gé)內(nèi)向(xiàng)，不(bú)愛(ài)說(shuō)話(huà)，和(hé)他(tā)潑(pō)辣(là)能(néng)幹(gàn)、擅(shàn)長(cháng)辦(bàn)事(shì)的(de)太(tài)太(tai)又(yòu)很(hěn)合(hé)得(de)來(lái)。

13 差咗幾皮

麗渝來港，一是來和蜀生註冊登記結婚，二也是來和蜀生商量今後的家安在哪裏。

第二個問題蜀生早有答案：當然是在香港！在他看來，兩地的生活質素、福利保障的差距不是一點點，而是*差咗幾皮*！

麗渝則是捨不得成都的父母和比香港悠閒的生活方式。

為了解釋「*差咗幾皮*」這個詞，蜀生費盡唇舌。說來說去的，兩個人少不了有些小口角。麗渝在成都也愛吃粵菜，蜀生便特意拉她去吃粵菜當是賠罪。

這家粵菜館門面不大，做的粵菜很家常，也很地道。

「怎麼樣？成都的粵菜比這兒的*差咗幾皮*吧……洗老師好！」

蜀生抬頭，見到大學就業輔導組的洗老師正東張西望地找位子，忙招呼老師坐下來一起吃。

洗老師已應聘到另一所大學。

蜀生真心感謝他當年的推介，特意加了兩個菜，還點了一瓶好酒。洗老師平時也好喝兩口，酒一下肚，說話便有點收不住。

原來洗老師是沈伯做中學老師時的學生，沈老師託付他把侄子引介到公司。

「他說他說服不了你，讓我向你推介……」

蜀生和麗渝詫異地對望：甚麼時候他成沈伯的侄子了？他對蜀生的培養、讓出股份、快速提升等一連串行為連接上了：沈伯視他為侄子呢。

沈伯又為何有此一舉？

洗老師喝了酒，說話就飄了：「哦，我記錯了，他說你是他紅顏知己的侄子。那個知己為他出了家……老師的風流倜儻，是我們這些學生望塵莫及的呢。」

真相大白。

蜀生的大姑姑年輕時做過生意，後來卻到寺院出了家。蜀生沒見過大姑姑幾面，但能感覺她疼自己，感情不像是萬事悟空的出家人，想來沒出家時性情是熱烈開朗的。

蜀生不勝酒力，回家醉話連篇：「誰要他關照了……咱憑本事吃飯……哼哼，老謀深算……論心計，和他比咱們真是……*差咗幾皮*！」

麗渝守了他一夜，第二天囑咐他上班別對沈伯說破這事。畢竟蜀生

當下在公司發展得很好，只要不傷害人，人生有些戲還是要演的。

釋義

「皮」原意指「一萬元」的錢，後引伸指「等級」。此詞指人和事與水平高的相比有很大差距，也可指錢銀方面相差很多。中性詞。對應普通話可說「相差幾個等級」或「差別很大」。這裏「差」要讀 caang1。

例句

粵語

(1)
Loeng5	go3	jan4	dou1	hai6	jau5	cin2	lou2	,	daan6	hai6
兩	個	人	都	係	有	錢	佬	，	但	係
coi4	fu3	zau6	**caang1**	**zo2**	**gei2**	**pei4**	.	Fu3	hou4	bong2
財	富	就	**差**	**咗**	**幾**	**皮**	。	富	豪	榜
jat1	go3	paai4	dai6	saam1	ming4	,	jat1	go3	paai4	dai6
一	個	排	第	三	名	，	一	個	排	第
ji6	sap6	gei2								
二	十	幾	。							

(2)
Keoi5	aa3	maa1	hau6	saang1	si2	hai6	cyun4	hoeng1	dou1	ceot1
佢	阿	媽	後	生	時	係	全	鄉	都	出
saai3	meng2	ge3	leng3	neoi2	.	Saang1	lok6	di1	neoi2	dou1
晒	名	嘅	靚	女	。	生	落	啲	女	都
m4	co3		dan6	hai6	tung4	aa3	maa1	bei2	,	zung6
唔	錯	，	但	係	同	阿	媽	比	，	仲
hai6	**caang1**	**zo2**	**gei2**	**pei4**	.					
係	**差**	**咗**	**幾**	**皮**	。					

普通話

(1)
Liǎng	ge	rén	dōu	yǒu	qián	,	dàn	shì	cái	fù
兩	個	人	都	有	錢	，	但	是	財	富
jiù	chà	le	hǎo	duō	gè	dàng	cì	.	Fù	háo
就	差	了	好	多	個	檔	次	。	富	豪
bǎng	shang	yí	ge	pái	dì	sān	míng	,	yí	ge
榜	上	一	個	排	第	三	名	，	一	個
pái	èr	shí	jǐ							
排	二	十	幾	。						

(2)
Tā	mā	ma	nián	qīng	shí	shì	quán	xiāng	yǒu	míng
他	媽	媽	年	輕	時	是	全	鄉	有	名
de	méi	nǚ	.	Shēng	de	nǚ	ér	yě	bú	yuǎn
的	美	女	。	生	的	女	兒	也	不	遠
cuò	,	kě	hé	mā	ma	bǐ	hái	shì	chà	
錯	，	可	和	媽	媽	比	還	是	差	
le										
了	。									

14 整色整水

商會在會展中心舉辦了個中小型公司的展覽，推介各個公司的業務。

公司委派沈伯領着蜀生幾個年輕人負責公司的展覽工作，攤位定下以後，下面就是攤位的佈置了。

洛麗塔的公司也參展了，和蜀生公司的攤位挨得很近。她的公司很早就進場，請了香港一家著名的展覽製作公司設計施工，用了許多「卡通」元素，看去形式誇張，色彩奪目。

蜀生也動了心，想要做出比洛麗塔公司佈景更炫目的效果。

「不！」沈伯一口否定，「又不是兒童樂園……有麝自然香，只要公司有實力，不怕客人不上門。」

他主張攤位走簡單古樸的設計風，寓意他們走傳統踏實的生意路向，功夫下在介紹產品特質和遠至北歐的客戶網上，說這才是生意人最看重的素質。

「那些**整色整水**的東西只能騙人一時……」沈伯說洛麗塔公司的商品只是三流品質，卻要吹成一流；他們沒有自設工廠，偏偏要說由自家公司設計和生產。這些不靠譜的東西就像洛麗塔**整色整水**的臉一樣，讓人看破就沒意思了……

「啊？」蜀生細看才發現洛麗塔的臉跟過去不一樣，成了錐子臉，大雙眼皮。

自從冼老師無意中牽出了沈伯和大姑姑間的秘密，蜀生和沈伯的相處就有些微妙，他不甘心被人掌控，與沈伯保持了一些距離。

他看似在專心聽沈伯的教誨，心裏卻在想：你也是**整色整水**的高手呢，看把我整到一個水深似海的局裏，這可不是我想要的！

洛麗塔走過，和他們打了個招呼。

沈伯笑嘻嘻回應：「洛麗塔你和你們公司的攤位一樣，一定會是今年展覽最亮麗的風景！」

蜀生目送洛麗塔背影，對沈伯的態度不以為然地「哼」了一下：「口不對心啊。」

沈伯說：「這也是做生意的潛規則，看破而不說破，讓客戶自己去戳破**整色整水**的騙局。」

沈伯的「騙局」蜀生只看破了上半場，下半場還是迷局呢。

📖 釋義

比喻光做表面功夫、不做實事的作風。對應普通話可說「弄虛作假」或「做表面功夫」。

✏️ 例句

粵語

(1) Ni1 gaan3 gung1 si1 zou6 si6 lou5 sat6, m4 wui5 **jing2 sik1 jing2 seoi2**, kei5 hai2 haak3 wu6 go2 bin6 heoi3 nam2 je5, so2 ji5 sin1 zi3 zou6 dak1 gam3 noi6.

呢間公司做事老實，唔會**整色整水**，企喺客戶嗰便去諗嘢，所以先至做得咁耐。

(2) Mong5 soeng6 maai6 di1 sau2 sik1 cin1 kei4 m4 hou2 seon3 aa3, keoi5 **zing2 sik1 zing2 seoi2** waa6 hai6 zan1 gam1, daan6 jau6 mou5 gei1 kau3 jim6 zing3, hou2 do1 hai6 gaa2 je5.

網上賣啲首飾千祈唔好信呀，佢**整色整水**話係真金，但又冇機構驗證，好多係假嘢。

普通話

(1) Zhèi jiā gōng sī zuò shì lǎo shi, bú huì zhuāng mó zuò yàng zuò mén miàn gōng fu, zhàn zài kè hù men biān wèi tā men zhuó xiǎng, suó yǐ cái huì zuò de cháng jiǔ.

這家公司做事老實，不會裝模作樣做門面功夫，站在客戶們邊為他們着想，所以才會做得長久。

(2) Wǎng shang mài de xiē shǒu shi qiān wàn bié xiāng xìn shuō shì zhēn jīn, tā zuò de hǎo, dàn yòu méi jī gǒu qù yàn zhèng, duō shì jiǎ de.

網上賣的些首飾千萬別相信說是真金，他做得好，但又沒機構去驗證，多是假的。

15 老貓燒鬚

　　冼老師在粵菜館酒足飯飽，回家倒頭就睡。第二天醒來才悟出昨晚對蜀生說了些不該說的話。

　　沈老師那年委託他引導蜀生就業時，曾囑咐他對誰都不能透露蜀生的背景。

　　冼老師讀中一時，一段時間因家貧無心向學。沈老師深夜裏把他從街上找回來送回家，為他付了兩年書簿費，對他有恩……唉，都是酒精惹的禍，沒守住對老師的承諾。

　　冼老師便約沈老師吃飯當面賠罪。沈老師年輕時就是個有火氣的人，他也做好準備挨沈老師一頓臭罵。

　　飯還是約到那家粵菜館，酒還是叫了那晚喝的好酒。

　　沈老師聽完他的懺悔不但沒發火，反而輕鬆一笑：「我說這小子這些天怎麼對我變了一副面孔呢，敢情是讓這事給刺激的。九零後誰甘心受人擺佈？何況這個局也太深了。我以為唯一知道內情的你已經轉到別的大學，蜀生也沒機會再碰到你，這些事就是永遠的秘密了。可偏偏你們遇見了，偏偏你酒後失言，偏偏你的嘴巴又是個漏斗……我以為天衣無縫的計劃露了餡兒，還是有失遠慮啊。我沈某人安排的事，還很少有失手的！這不就是**老貓燒鬚**嗎？！這次出簍子，莫非是天意？該發生的事遲早都會發生，那小子知道整個故事，不會甘心讓我捏在手心的。惹急了，他真可能拔腿就跑，那我另一半計劃就會落空。不，不能再一次**老貓燒鬚**了！是時候把一切……包括我和他大姑姑的事明明白白地告訴他！你說是不是……」

　　沈伯架不住學生一再勸酒，也喝得有些興奮，那番話與其說是對學生說的，還不如說是他的內心獨白。

　　冼老師趁着酒意大膽地批評老師：「您底下這一套套的局中有局，真不太像您年輕時光明坦蕩的風格呢。」

　　沈伯黯然自語：「歲月是把殺豬刀呢。我的年輕時代，在明馨出家那一刻就徹底結束了……」

　　冼老師清楚地看見了老師眼角欲滴未滴的淚珠。

指有閱歷有經驗的人，因為大意或考慮不周而出差錯。貶義詞。對應普通話可說「老馬失蹄」。

例句

粵語

(1)
Mou5 nam2 dou3 gam1 ci3 ceng2 zo2 jat1 go3 daai6 san4
冇　諗　到　今　次　請　咗　一　個　大　神
kap1 ge3 kau4 sing1 lei4 di1 piu3 dou1 mei6 maai6
級　嘅　球　星　嚟，啲　票　都　未　賣
dak1 saai3 Zyu2 baan6 fong1 dou1 waa6 zi6 gei2 sat1
得　晒。主　辦　方　都　話　自　己　失
jyu6 syun3 hai6 lou5 maau1 siu1 sou1
預　算，係　**老　貓　燒　鬚**。

(2)
Lou5 baan2 bun2 laai4 ji5 wai4 keoi5 hai6 zi6 gei2 can1
老　闆　本　來　以　為　佢　係　自　己　親
cik1 wui5 lou4 hai2 gung1 si1 faat3 zin4 Dim2 Lou5
戚，會　留　喺　公　司　發　展。點　老
zi1 keoi5 zou6 zo2 bun3 nin4 zau6 zau2 zo2
知　佢　做　咗　半　年　就　走　咗。
baan2 waa6 gam1 ci3 zan1 hai6 lou5 maau1 siu1 sou1
闆　話　今　次　真　係　**老　貓　燒　鬚**
laa3
喇。

普通話

(1)
Xiǎng bu dào zhèi cì qǐng le yí wèi dà shén
想　不　到　這　次　請　了　一　位　大　神
jí de qiú xīng lái mén piào jìng méi mài
級　的　球　星　來，門　票　竟　沒　賣
diào Zhǔ bàn fāng dōu shuō zì jǐ
掉。主　辦　方　都　說　自　己
suàn shì láo mǎ shī tí ne
算　是　老　馬　失　蹄　呢。

(2)
Láo bǎn bén yǐ wéi tā shì zì jǐ qīn
老　闆　本　以　為　她　是　自　己　親
qi huì liú zài gōng sī fā zhǎn Shéi
戚，會　留　在　公　司　發　展。誰
xiǎng dao tā cái zuò nián jiù yě zóu
想　到　她　才　做　年　就　也　走
Láo bǎn shuō zhèi cì lǎo jīng yàn kàn
老　闆　說　這　次　老　經　驗　看
le zóu
了，走
yǎn le
眼　了。

六、其他綜合類

　　沈伯的女兒玉娟從讀小學起，就常從母親嘴裏聽過對父親的抱怨，常聽到的一句是：一見到漂亮的女人他就**笑口噬噬**。

　　玉娟那時還不知道**笑口噬噬**的意思，特地去問過同學米高。米高也不懂，回家問過大人，告訴她：就是咧開嘴笑嘛。

　　母親再說父親**笑口噬噬**時，她忍不住說了一句：「見人**笑口噬噬**，不是很有禮貌嗎？」

　　母親便面帶哀怨：「男人一見女人就**笑口噬噬**，是想打女人的主意！你阿爸命帶桃花，天生花心……以後找老公，你別找這種人！」

　　米高和她小學就是同學，到了情竇初開的年歲，兩個人便順理成章地拍拖了。米高對玉娟一向輕言細語，**笑口噬噬**。玉娟見過父母親吵鬧時的惡形惡相，更珍惜夫君對她的態度。

　　母親原在父親教書的中學做會計。每當父親和女老師說話，她就豎起耳朵去聽，回家就冷言冷語說：「見別人就**笑口噬噬**，回家就拉長個臉……」

　　父親改行做生意後，母親就更緊張了，不時對玉娟說：「女人年紀一大，男人就會變心。當初我是一枝花時，你爹哋對我也是**笑口噬噬**的。現在我老了，他就乾脆去和那個四川婆在一起了。唉，為支持你爹哋拿錢做生意我才節衣縮食，要是花錢做做美容，化化妝，看去永遠是後生妹，也不會輸給那個狐狸精呀……」

　　玉娟把母親的話聽進心去，她的清湯掛麪式女學生髮型和超短裙，就是努力想維持住自己在米高心目中的年輕形象。

　　海倫是公司裏可以和她說得上話的人，半開玩笑說過她；「玉娟小姐，你也奔五十了，改改造型吧，米高不會嫌你老套嗎？」

　　玉娟**笑口噬噬**道：「他喜歡。」

　　其實米高對她說過，清湯掛麪式女學生髮型和超短裙該是小妹的打扮，她馬上疑心米高看上了小妹，不開心了好多天。

　　她真是媽咪調教出來的喲。

指咧着嘴笑的樣子，也可形容不懷好意的笑。可褒可貶。對應普通話可說「滿面笑容」或「假笑如花」。

例句

粵語

(1) 佢唔理幾嬲，一見到個孫女就即刻換咗塊面，笑口**噬噬**㗎喇。

Keoi5 m4 lei5 gei2 nau1, jat1 gin3 dou2 go3 syun1 neoi2 zau6 zik1 haak1 wun6 zo2 faai6 min6, siu3 hau2 sai4 sai4 gaa3 laa3.

(2) 佢份人見到夥計不嬲都黑口黑面，唧都唔笑。今日見佢笑口**噬噬**。唔知係有乜好嘢喇。

Keoi5 fan6 jan4 gin3 dou2 fo2 gei3 bat1 nau1 dou1 haak1 hou2 haak1 min6, zit1 dou1 m4 siu3. Gam1 jat6 gin3 keoi5 siu3 hau2 sai4 sai4. m4 zi1 hai6 jau5 mat1 hou2 je5 laa3.

普通話

(1) 他不管有多生氣了，一見到孫女兒就馬上換了副面孔，笑容滿面了。

Tā bù guán yǒu duō shēng qì le, yí jiàn dao sūn nǚr jiù mǎ shang huàn le fù miàn kǒng, xiào róng mǎn miàn le.

(2) 他那個人見到下屬一向都黑沉着臉，撓着他不會笑的。今天見他咧嘴笑嘻嘻，向他不會嘻嘻好事，不知有甚麼好事呢。

Tā nèi ge rén jiàn dào xià shǔ yí xiàng dōu hēi chén zhe liǎn, náo zhe tā bú huì xiào de. Jīn tiān jiàn tā liě zuǐ xiào xī xǐ, xiàng tā bú xǐ bù zhī dao yǒu shén me hǎo shì ne.

2 奀嫋鬼命

做過地產中介、後來在出版公司做行政部主管的佐伊是美國人，卻不像一般西方人那樣高大，反有點兒瘦小。

他的午飯常是兩片麵包加一根香蕉或者一個蘋果。

他的手下阿敏看他吃飯的樣子，便一臉可憐：「總吃那麼點東西，難怪生成**奀嫋鬼命**的樣子……」

有一晚，已升做編輯的小美在公司裏加班做一份英文補充練習，路過佐伊的辦公室，見他正在整理文件，但臉色慘白，嘴唇發紫，還摀着肚子不時「My god my god」地叫。

小美忙進去問怎麼回事，佐伊指指自己的胃部，痛得連話都說不上來。

小美媽曾患胃出血，有過類似病症。

小美連忙打電話叫了救護車把佐伊送到急診室，醫生說就是胃出血，要留院觀察。小美在醫院陪了佐伊好幾個小時，直到他睡着才離開。

佐伊在香港沒有親人，住院後的雜事，都由小美跑腿辦理，每天一下班她就趕到醫院看他。

佐伊出院上班後，小美帶午飯時給他多帶了一份，三天兩頭的還有湯。佐伊的臉色慢慢有點兒紅潤了。

阿敏最早發現了二人關係微妙，對人八卦道：「**奀嫋鬼命**的佐伊怎麼配得上小美那個靚女！」

小美在那些日子中，知道佐伊六歲時父母已在車禍中去世。他是在遠親和孤兒院的流轉中長大，靠自己努力走到今天的。

小美由憐惜而生愛，佐伊因感激而生情，二人便自然走到一起了。

小美爸看到相片，一點兒都不喜歡佐伊，說：「**奀嫋鬼命**的樣子，能生得出仔仔嗎？」

小美媽雖擔心不能和鬼仔女婿聊天，可認為嫁得出去總比沒人嫁要好，便支持說：「**奀嫋鬼命**怎麼了？我天天煲老火湯不信養不胖那個佐伊！」

「姐妹團」大姐弗洛拉特意請佐伊去喝了咖啡，確認了他善良、負責的人品，對小美說：「他看去是**奀嫋鬼命**，可聲音真好聽，他說小時候呆過唱詩班……行，就是他了！」

「夭」意為「小」，「嫋」意為「細長」，形容人長得瘦弱或看去很不健康。坊間也有寫成「夭挑鬼命」的。貶義詞。對應普通話可說「弱不禁風」或「瘦小屄弱」。

例句 ●●

粵語

(1)

Keoi5	daai6	beng6	zo2	jat1	coeng4		hou2	faan1	zo2	zung6
佢	大	病	咗	一	場	，	好	返	咗	仲
hai6	ngan1	niu1	gwai2	meng6	gam2		haang4	lou6	dou1	haang4	
係	**夭**	**嫋**	**鬼**	**命**	噉	，	行	路	都	行
m4	wan2									
唔	穩	。								

(2)

Aa3	go1	saang1	ceot1	lei4	m4	zuk1	jyut2	，	go3	joeng2
阿	哥	生	出	嚟	唔	足	月	，	個	樣
ngan1	niu1	gwai2	meng6	.	Aa3	naa1	fong3	zo2	seng4	daam3
夭	**嫋**	**鬼**	**命**	。	阿	媽	放	咗	成	擔
sam1	gei1		sin1	zi3	zoeng1	keoi5	jeong5	dou3	fei4	fei4
心	機	，	先	至	將	佢	養	到	肥	肥
baak6	baak6									
白	白	。								

普通話

(1)

Tā	dà	bìng	le	yǐ	chǎng	，	hǎo	le	yǐ	hòu
他	大	病	了	一	場	，	好	了	以	後
hái	shì	ruò	bù	jīn	fēng	de	yàng	zi		lián
還	是	弱	不	禁	風	的	樣	子	，	連
zǒu	lù	dōu	bù	wěn						
走	路	都	不	穩	。					

(2)

Gē	ge	shì	záo	chǎn	ér	，	shēng	chu	lai	de
哥	哥	是	早	產	兒	，	生	出	來	的
shí	hou	shòu	ruò	de	hěn	.	Mā	ma	huā	le
時	候	瘦	弱	得	很	。	媽	媽	花	了
hěn	duō	xīn	xuè	,	cái	bǎ	tā	yǎng	de	bái
很	多	心	血	，	才	把	他	養	得	白
bái	pàng	pàng	de	.						
白	胖	胖	的	。						

3 攬身攬勢
laam2　san1　laam2　sai3

沈伯和太太口中的「四川婆」**攬身攬勢**，是沈太太親眼見到的。

沈伯離開學校去做生意，應付各種飯局，常是喝得酩酊大醉，身體垮了，很容易就傷風感冒。

有一次在成都，沈伯感冒吃了西藥，在飯店和生意夥伴喝過酒，覺得難受躺在沙發上。醒來他已經在醫院急救病房，牀邊坐着一個儀態端莊的年輕女子。

女子自我介紹說叫明馨，正跟幾個大哥學做生意。當時到飯店送樣品，別人有事先走了，留下她照看他。半夜裏她發現他幾乎沒了脈搏，忙叫了急救車送來了醫院。

「幾個大哥讓我留下來給沈老師端個茶倒個水……」

她的川味普通話說得柔和溫暖。

沈伯打開了那個年頭用的「大哥大」想通知太太一聲，沒講兩句，就體力不支地倒下，「大哥大」也掉到了地上。

明馨忙撿起電話扶起他：「沈老師慢點，小心點兒別再摔了……」

話都傳到香港那邊，太太在電話裏冷冷問道：「那個女人是誰？」

沈伯說：「朋友。」

「上牀那種？！」

沈伯慌忙看了明馨一眼，說自己正住在省醫院，便掛了電話。

那天傍晚，沈太突然出現在病房門口。那一刻沈伯剛上完廁所，他全身乏力，由明馨摟抱着上牀。

沈太見到的正是這個畫面，進來就沒好話：「**攬身攬勢**的是普通朋友？」

沈伯慌忙解釋了幾句。

沈太的話說得尖酸：「你我夫妻多少年都沒這麼**攬身攬勢**了！我早看出你有二心，想不到有幸親眼驗證……」

明馨聽不懂粵語對白，但能看出兩人在吵架，便乖巧地說：「我到門口等着，有事就招呼一聲。」

沈太一句話衝口而出：「你躝屍……哦，你走吧，沒事要麻煩你了。」

她搶過丈夫的大哥大，給香港的姐妹打電話：「我親眼見他和那個狐狸精**攬身攬勢**，他還有甚麼好說的！」

她當晚就回了香港。

明馨進來時，只見到沈老師一臉的無奈落寞。

釋義

表示又摟又抱的親熱接觸，多用於形容男女之情。中性詞，有時偏貶義。對應普通話可說「摟摟抱抱」或「勾肩搭背」。

例句

粵語

(1)
Aa3 阿	neoi2 女	nei5 你	dou1 都	daai6 大	go3 個	neoi2 女	laa6 喇	，	mai5 咪	seng4 成
jat6 日	laam2 **攬**	san1 **身**	laam2 **攬**	sai3 **勢**	laa1 啦	。	Maa1 媽	mi4 咪	m4 唔	sai2 使
zou6 做	uk1 屋	kei2 企	je5 嘢	ge3 嘅	me1 咩	？

(2)
Keoi5 佢	dei6 哋	loeng5 兩	go3 個	duk6 讀	jau3 幼	zi6 稚	jyun2 園	go2 嗰	zan2 陣	zau6 就
hai6 係	hou2 好	pang4 朋	jau5 友	，	lin4 連	faan1 返	hok6 學	fong3 放	hok6 學	dou1 都
laam2 **攬**	san1 **身**	laam2 **攬**	sai3 **勢**	。

普通話

(1)
Nǚ 女	ér 兒	nǐ 你	yě 也	bù 不	xiǎo 小	le 了	，	bié 別	lǎo 老	bào 抱
zhe 着	mā 媽	ma 媽	bú 不	fàng 放	le 了	。	Mǎ 媽	ma 媽	bú 不	yòng 用
gàn 幹	jiā 家	wù 務	de 的	ma 嗎	？

(2)
Tā 她	liǎ 倆	dǎ 打	shàng 上	yòu 幼	ér 兒	yuán 園	jiù 就	shì 是	hǎo 好	péng 朋
you 友	，	shàng 上	xué 學	fàng 放	xué 學	dōu 都	shì 是	gōu 勾	jiān 肩	dā 搭
bèi 背	de 的	。

4 姿姿整整

蜀生公司代理的一款時裝，年銷售量有令人意外的驚喜成績。高層便有人提議，春茗要一改數年只是吃個大餐、抽個大獎的傳統，搞搞笑弄個着裝大賽，選出最傑出「**姿姿整整**人士」，男女各一名。

消息傳出，同事間有空便半開玩笑地討論那天穿甚麼上場。

年輕同事只把那個晚會當成「扮嘢」玩笑場，有的說要扮成白雪公主，有的說要扮成鹹蛋超人。小妹語出驚人地說她要裝扮成玉娟小姐：一頭清湯掛麵式的頭髮加一條超短裙。

老一點的員工認為**姿整**嘛，該好好收拾一下衣着，便認真地討論該不該去添置一款歐洲時裝，可只為這個晚會，似乎不值得……

還有人清醒地說：別去白費功夫了。全公司最**姿姿整整**的，男的跑不出是沈伯，女的跑不出是海倫。

大家恍似從夢中醒來：對呀，這兩個人平時上班，都要**姿整**一番，講求日日不同，講究色彩搭配，光看他們就是一道**姿姿整整**的風景……

有了這個「**姿姿整整**着裝大賽」的話題，公司的氣氛便很歡樂。

到了那一晚，各人粉墨登場。小妹果然把自己打扮成玉娟小姐的模樣，逗得大家捧腹大笑。玉娟也收起了平時矜持冷淡的神氣，難得地露齒一笑，想起米高勸她換個形象，想：自己平日的風格確是小妹妹更合適。

一人一票，結果男士獎不出意料由沈伯獲得，女士獲獎的卻是玉娟。那天她一掃往日的小妹妹風，按米高建議換上一襲白底藍碎花旗袍，把清掛麵式的留海用髮膠固定成波浪狀，顯示出成熟的典雅美。

她的票數超過了穿皮衣的海倫。

做司儀的蜀生故意強調：祝賀**姿姿整整**的沈氏父女雙雙獲得**姿姿整整**獎！

領獎時沈伯在玉娟耳邊說：「我和你媽咪拍拖時她也愛穿旗袍……」

「哦，謝謝你告訴我。」玉娟心中的冰塊似乎開始溶化了。

釋義

指不惜花費時間和心思，過份地注重收拾衣着外表，也說「姿整」。坊間也有寫成」「支支整整」的。引伸指浪費時間在小事上。貶義詞。對應普通話可說「捯飭 (dáochi)」、「打扮過頭了」。

例句

粵語

(1)
M4	hou2	dang2	keoi5	laa3	，	keoi5	jau6	waa6	wun6	saam1
唔	好	等	佢	喇	，	佢	又	話	換	衫

jau6	waa6	faa3	zong1	，	m4	zi1	zi1	zi1	zing2	zing2
又	話	化	妝	，	唔	知	姿	姿	整	整

dou3	gei2	si4	sin1	zi3	ceot1	dak1	mun4	.
到	幾	時	先	至	出	得	門	。

(2)
Ni1	gaa1	gung1	si1	zou6	je5	hou2	zi1	zing2	，	gin6
呢	家	公	司	做	嘢	好	姿	整	，	件

si6	gong2	m4	ding6	jiu3	to1	dou3	ceot1	nin2	zi3	gaai2
事	講	唔	定	要	拖	到	出	年	至	解

kyut3	dou2
決	到 。

普通話

(1)
Bié	děng	tā	le	，	tā	yòu	shì	huàn	yī	fu
別	等	她	了	，	她	又	是	換	衣	服

yòu	shì	huà	zhuāng	，	huā	tài	duō	xīn	si	hé
又	是	化	妝	，	花	太	多	心	思	和

shí	jiān	qù	dáo	chi	，	bù	zhī	nòng	dao	shèn
時	間	去	捯	飭	，	不	知	弄	到	甚

me	shí	hou	cái	néng	chū	mén	.
麼	時	候	才	能	出	門	。

(2)
Zhèi	jiā	gōng	sī	zuò	shì	hěn	tuō	lā	，	zhè
這	家	公	司	做	事	很	拖	拉	，	這

shì	shuō	bu	dìng	yào	tuō	dào	míng	nián	cái	néng
事	說	不	定	要	拖	到	明	年	才	能

jiě	jué
解	決 。

六、其他綜合類

5 豬籠入水
zyu1 lung4 jap6 seoi2

慶祥自離開蜀生的綜合貿易公司，改行到了車行當銷售。蜀生從他手中提取了人生的第一輛車。

對慶祥，蜀生與沈伯看法不同。沈伯認為他是「濕水欖核」兩頭耍滑，蜀生卻想這「濕水欖核」不也說明他處事靈活嗎？再說他那次在公司犯錯，是急需錢為養父做手術，心地也壞不到哪兒去，盯緊點也能幫得上公司的忙。再說，年輕人犯了錯也別一棍子打死嘛，總得給人站起來的機會。

部門需要兼職的事，比如跑腿去推銷商品，蜀生就會去找慶祥幫忙。

第一次找慶祥他就一口答應，說：「謝謝你給了我***豬籠入水***的機會。」

看蜀生不明白，還解釋道：「好多香港人身上都會身兼多職，賺錢不止一個渠道，就像是通過豬籠的小眼兒進水……水在香港代表『錢財』。」

兼職員工的薪酬三個月結一次。

有一次沈伯拿着慶祥的薪酬單副本找來了：「嗱，他從公司撈的還不少呢。真是***豬籠入水***了！他沒耍滑頭嗎？」

蜀生解釋說錢銀來往慶祥一筆一筆的記得很清楚，貨辦的去向也很有交代，多的會退給公司。

他還加了一句：「他有本事，用得好就能創造效益，關鍵還是管理。」

沈伯不高興：「那……讓他躝屍趷路是我錯了？」

蜀生自從在就業輔導組冼老師那兒了解到自己是被沈伯「安排」進公司的，心裏一直覺得窩囊，此刻說話也硬梆梆的：「豈敢，沈伯怎麼可能有錯？」

沈伯忙降火：「好吧，只要你不去兼職，不想着***豬籠入水***就行。」

蜀生心裏卻竄起了無名火：「要是我想呢？」

「公司規定你這層員工不能去兼職！」

「那我辭職！」

「你敢！」

「你看我敢不敢？我這份工反正也來得不明不白的……」

沈伯頓時氣紅了臉：「你呀，太對不起你姑姑一片苦心了……」

甘仔正好進來，看氣氛不對：「怎麼了？」

二人忙掩飾說：「沒怎麼。」

釋義

表示錢從多個渠道 (孔) 進入，賺錢很多。褒義詞。對應普通話可說「財源廣進」。

例句

粵語

(1) Ngo5 我 pang4 朋 jau5 友 gaau3 教 jing1 英 man2 文 ， hai2 喺 hou2 好 do1 多 gaan1 間
gei1 機 kau3 構 gim1 兼 zik1 職 。 Gin3 見 min6 面 daai6 大 gaa1 家 siu3 笑 keoi5 佢
hai6 係 **zyu1 豬 lung4 籠 jap6 入 seoi2 水** ； faat3 發 daat3 達 lo3 咯 。

(2) Ni1 呢 gaan1 間 gung1 公 si1 司 faan6 辦 faan6 辦 saang1 生 ji3 意 dou1 都 jau5 有 ，
zyu1 豬 lung4 籠 jap6 入 seoi2 水 gam2 嗽 zaan6 賺 cin2 錢 。

普通話

(1) Wǒ 我 péng 朋 you 友 jiāo 教 yīng 英 wén 文 ， zài 在 duō 多 ge 個 jī 機
gòu 構 rèn 任 zhí 職 。 Jiàn 見 miàn 面 de 的 shí 時 hou 候 dà 大
huǒr 夥兒 iù 就 kāi 開 wán 玩 xiào 笑 shuō 說 tā 他 cái 財 yuán 源 guǎng 廣
jìn 進 ， dà 大 fā 發 le 了 。

(2) Zhèi 這 jiā 家 gōng 公 sī 司 gè 各 ge 個 háng 行 yè 業 dōu 都 yǒu 有 shēng 生
yì 意 ， tōng 通 guò 過 gè 各 ge 個 qú 渠 dào 道 zhuàn 賺 le 了 hǎo 好
duō 多 qián 錢 。

6 姣屍扽篤

「姣屍扽篤」是玉娟自小聽到大的一個詞。

那時她還在讀小學，記得媽咪從成都飛回來後，給幾個姐妹打了電話，說：「那個**姣屍扽篤**的狐狸精把阿沈迷住了……我一定不離婚，拖也要把他們拖死！」

爹哋回家時說過：「別用**姣屍扽篤**的髒話去罵人，人家救過我的命。」

媽咪只是一個勁地罵：「救命是假，迷你是真！她就是**姣屍扽篤**！」

後來爹哋的話中出現了「分居離婚」等字眼。

媽咪只是說：「拖！拖也要把你們拖死！」

日子長了，媽咪教訓玉娟時也引入了這個詞：「女孩子的言行衣着一定要端莊，不能學狐狸精似的**姣屍扽篤**！」

玉娟迷惘中覺得，只有保持學生時代的裝扮才不是**姣屍扽篤**，日子久了便習慣了總是清湯掛麪和超短裙。

自從「姿姿整整晚會」父女倆雙雙獲獎，二人能說上幾句話了。只是玉娟抹不去小時候父母失和的心理陰影，始終未叫過一聲「爹哋」。

有一次沈伯讓海倫約玉娟到山頂餐廳吃飯，特意點了一客檸檬雞，對玉娟說：「這是你小時候最愛吃的。」

玉娟心裏滾過熱浪：「您還記得？」

沈伯檢討道：「爹哋一直把你放在心頭。我該用更好的方式解決好和媽咪之間的問題。我希望你明白，我和媽咪實在沒辦法再走下去，這對兩個人……特別是對你來說都是悲劇。但事情與其他人無關……」

「明白。媽咪總罵人家**姣屍扽篤**太不應該……」

「媽咪也不讓你**姣屍扽篤**吧？所以你總是那種古板打扮……這是病態啊。」

玉娟點點頭，又說：「您和蜀生的姑姑本該得到祝福。可惜，她出了家。」

沈伯瞪大了眼：「你知道？」

「我也不傻，您花在蜀生身上的心血我也知道。這是個難得的人才！」玉娟眉宇間有幾絲哀傷，「爹哋，不久我們也許會做一個艱難的決定……」

「哦哦……」沈伯此刻只聽到玉娟嘴裏吐出「爹哋」的兩個字。

釋義

「姣」指女性淫蕩；「扽篤」有一說是指臀部顛動。此詞形容女性在男女感情上作風不正派。貶義詞。對應普通話可說「風騷放蕩」。

例句

粵語

(1) 相嗌唔好口。但點都唔應該鬧自己心抱姣屍扽篤㗎。噉咪即係鬧自己個仔娶咗個姣婆？

（Soeng1 ngaai3 m4 hou2 hau2. Daan6 dim2 dou1 m4 jing1 goi1 naau6 zi6 gei2 sam1 pou5 haau4 si1 dan3 duk1 gaa2. Gam2 mai6 zik1 hai6 naau6 zi6 gei2 go3 zai2 cou2 zo2 go3 haau4 po4?）

(2) 唔好開口就鬧女人姣屍扽篤呀。呢個詞對女性係好大嘅侮辱嚟㗎。

（M4 hou2 hoi1 hou2 zau6 naau6 neoi5 jan2 haau4 si1 dan3 duk1 aa3. Ni1 go3 ci4 deoi3 neoi5 sing3 hai6 hou2 daai6 ge3 mou5 juk6 lei4 gaa3.）

普通話

(1) 罵架時哪有甚麼好話。可是她怎麼着也不該啊罵，自己的是媳婦是騷貨兒了這個蕩就是罵自己兒子娶個婦嗎？

（Mà jià shí ná yǒu shén me hǎo huà. Kě shì tā ér zěn me zhe yě bù gāi a mà, zì jǐ de shì xí fù shì sāo huò ér le zhè gè jiù shì mà zì jǐ ér zi qǔ ge fù ma?）

(2) 別隨便就罵女人風騷放蕩啊。這個詞對女性來說是很大的侮辱。

（Bié suí biàn jiù mà nǚ rén fēng sāo fàng dàng a. Zhèi ge cí duì nǚ xìng lái shuō shì hěn dà de wú rǔ.）

7 刁喬扭擰

　　沈伯一直都欣賞落落大方的女性。

　　太太卻多疑固執，***刁喬扭擰***。擔心他出軌，在香港時就做「跟得夫人」（跟着丈夫出行）。後沈伯出外做生意，也規定他天天要報告接觸過甚麼女性。

　　他們年輕時在郊遊登山時認識，山友起哄他倆「在一起」。太太很積極地出擊，應了「女追男，隔層紗」的老話，交往不久女方就催着結婚。

　　婚後沈伯發現二人結合是一場錯誤，但太太執意維持現狀，他也只能半死不活地將就。

　　沈太在成都的醫院見到明馨攬身攬勢扶沈伯時，其實他倆才剛認識兩天。太太的表現讓沈伯難堪，向明馨道歉時，她卻說：「她是她，你是你，你犯不着替她背鍋。」

　　沈伯當時便覺得明馨不像有的女子那般***刁喬扭擰***。

　　沈伯後來通過明馨做成了一單大生意，她堅持要把提成的一半給另一位大哥，說路子是他指的，眼下他的公司不順，能幫一點是一點。

　　沈伯這才看出明馨確實與眾不同。

　　交談多了，沈伯知道了明馨是家中長女，父母早亡，小弟弟是由她一手帶大的，是她唯一的親人。

　　接觸深了，二人日久生情，但先表白「我喜歡你」的竟是明馨，說這話時她大大方方，絕無***刁喬扭擰***，沈伯那顆死寂的心滿血復活了……

　　沈太的「拖字訣」令二人痛苦絕望。

　　明馨明白沈老師的處境，也理解作為女人的沈太，自己更是前路茫然。苦候多年，便到山上的寺院出了家，法號「一明」，了斷了凡塵俗念，

　　沈伯上山苦勸無果。

　　明馨合掌道：「初入佛門，凡心未了。只有一事相託：請老師代為看顧我的小弟和他家人。」

　　沈伯自是一口答應，心灰意冷中便放逐自己。後來他和交往的女子只是逢場作戲，沒人能代替明馨在他心目中的位置。

　　沈伯覺得自己誤了明馨終身，便按她的囑託設法在她小弟那兒補償。

　　小弟多年後成家立業，沈伯一直託成都的朋友暗中幫忙，他自己從不露面。

　　幾年後小弟添了男丁，取名蜀生。

釋義

　　形容人不夠大方，愛耍小性子，較多用在女性身上。也可說小孩難於調教。坊間也有寫作「刁條扭擰」的。貶義詞。對應普通話可說「扭扭捏捏」。

例句

粵語

(1)
Soeng5	toi4	ceong3	zi1	go1	zai2	ze1	，	sai2	mat1
上	台	唱	支	歌	仔	啫	，	使	乜

gam3	diu1	kiu4	nau2	ning6	aa1	？	Faai3	di1	seong5	heoi3
咁	**刁**	**喬**	**扭**	**擰**	吖	？	快	啲	上	去

laa1
啦
！

(2)
Keoi5	tung4	jat1	bun1	neoi5	zai2	m4	tung4	，	m4	wui4
佢	同	一	般	女	仔	唔	同	，	唔	會

diu1	kiu4	nau2	ning6	，	tung4	keoi5	gaau1	wong5	hou2	syu1
刁	**喬**	**扭**	**擰**	，	同	佢	交	往	好	舒

fuk6
服
。

普通話

(1)
Bú	jiù	shì	shàng	tái	chàng	shǒu	gē	ma	？	Gàn
不	就	是	上	台	唱	首	歌	嗎	？	幹

má	niú	niǔ	niē	niē	de	yā	？	Kuài	shàng	tái
嘛	扭	扭	捏	捏	的	呀	？	快	上	台

qu
去
！

(2)
Tā	hé	bié	de	nǔ	hái	zi	bù	tóng	，	bú
她	和	別	的	女	孩	子	不	同	，	不

huì	shí	xiǎo	xìng	zi	shuǎ	pí	qi	，	hé	tā
會	使	小	性	子	耍	脾	氣	，	和	她

jiāo	wǎng	hěn	shū	fu
交	往	很	舒	服
。

8 無屣雞籠

　　弗洛拉離開了補習社，住進了自己買的房子，生了孩子做了專職媽媽。

　　呆久了便想重出江湖。

　　前老闆兼朋友仙蒂的補習社賺到了錢，培哥鼓勵她發展點兒其他小生意。弗洛拉推薦了一個婚宴網站，認為可合夥在這領域試試。

　　仙蒂說眼下人手難找。就說補習社吧，有的老師來不到一星期就要走，補習社沒甚麼規條可約束他們。

　　「我那裏就像是*無屣雞籠*，自由進出。家長都有意見了。」

　　弗洛拉追問：「我小姑子也想走？。」

　　仙蒂說話吞吞吐吐的：「我不怪阿秋，年輕人總想多嘗試嘗試別的行業。聽人說她要去搞個帶貨網站。」

　　弗洛拉一聽便把孩子交給菲傭姐姐，趕到公婆家找阿秋。

　　阿秋坦白說她已經向仙蒂請了兩星期假，試搞帶貨。不行嘛，再回補習社。

　　弗洛拉便有點生氣：「補習社是*無屣雞籠*嗎？不行！要讓仙蒂定出一套新制度，明說辭職得提前多久，提前走要補多少錢……」

　　「阿嫂，哪個補習社都是*無屣雞籠*。我打了招呼還是好的了，有的人不出現就是不來了。」

　　「你們是在欺負仙蒂！我得幫她定幾條——我以前在會計師行就是負責擬定條款的呀。」

　　阿秋求她：「讓我試試帶貨兩個星期嘛。仙蒂也說她那兒是*無屣雞籠*，可以自由進出的嘛。」

　　「一場帶貨視頻得連說一兩個小時，你們學校『說話』訓練不是只要求說三分鐘嗎？你們既沒有博覽群書，也沒有表述的口才，有那本事打動人掏錢買貨？」

　　阿秋有點心虛：「行了行了，我就練練再去做帶貨夢吧……把補習社當*無屣雞籠*自由進出，也的確對不起仙蒂。」

　　弗洛拉說：「我和仙蒂正在籌劃一個婚宴公司。到時候請你幫忙，你別把公司當成*無屣雞籠*呀。」

　　阿秋非常雀躍：「我保證一進雞籠就關上門，直到把自己嫁出去才開門！」

釋義

「閛」是「門」。此詞指一些地方讓人隨意進出，就像日常生活見到的雞隻自由地進出雞籠。貶義詞。對應普通話可說「沒人看守的地方」或「自由出入之境」。

例句

粵語

(1)
M4 gwaai2 uk1 cyun1 jau4 jan4 jap6 heoi3 tau1 je5
唔 怪 屋 邨 有 人 入 去 偷 嘢
laa1 . Uk1 cyun1 mun4 hau2 seng4 jat6 dou1 m4 gin3
啦 。屋 邨 門 口 成 日 都 唔 見
jau5 hon1 gaang1 , hou2 ci5 go3 **mou5 jim2 gai1 lung4**
有 看 更 ， 好 似 個 **無 閛 雞 籠**
gam2 jam6 jan4 ceot1 jap6
噉 任 人 出 入 。

(2)
Nei4 jyu4 gwo2 jiu3 zou2 jan4 zau6 jiu3 sin1 daan1 jat1
你 如 果 要 走 人 就 要 先 單 一
seng1 . Ngo5 ni1 dou6 m4 hai6 **mou5 jim2 gai1**
聲 。我 呢 度 唔 係 **無 閛 雞**
lung4 , m4 bei2 jan4 zi6 ceot1 zi6 jap6 gaa3 .
籠 ， 唔 俾 人 自 出 自 入 㗎 。

普通話

(1)
Guài bu dé yǒu rén jìn xiǎo qū tōu dōng
怪 不 得 有 人 進 小 區 偷 東
xi . Xiǎo qū mén kǒu zhěng tiān dōu jiàn bu
西 。小 區 門 口 整 天 都 見 不
dào bǎo ān yuán , xiǎo qū jiù xiàng méi ān
到 保 安 員 ， 小 區 就 像 沒 安
mén shì de , ràng rén zì yóu jìn chū
門 似 的 ， 讓 人 自 由 進 出 。

(2)
Nǐ rú guǒ yào lí kāi jiù shuō yì shēng .
你 如 果 要 離 開 就 說 一 聲 。
Wǒ zhè li bú shì méi rén kān shǒu de jìn chū
我 這 裏 不 是 沒 人 看 守 的 進 出
dì fang de
地 方 的 。

9 擺景贈慶

　　洛麗塔的公司就在蜀生公司附近，兩家公司用的是同一座多層停車場。有時蜀生也能在那兒遇上洛麗塔，但都只是笑笑打個招呼。

　　那天兩人的兩輛車正好並排停靠，兩人又同在晚上取車，停車場沒別的人，二人也就多寒暄了一會。

　　洛麗塔說；「聽說你們公司業績增了個兩位數，恭喜！」

　　蜀生對與他部門無關的事，從不愛去打聽，便說：「我沒聽海倫姐說過。你倒是消息靈通……對了，疫情後出入內地關都正常了。你們內地的生意應該也不錯吧？」

　　洛麗塔臉色卻變了。她到韓國整過容，做成了錐子臉，加厚了嘴唇。這會兒下巴和嘴唇便明顯地抖動，相貌看去有點怪異。

　　蜀生說話也不會拐彎，實話實說道：「他們說你整過容我還不信，這回近看才發現，大效果還真是過得去！洛麗塔你是逆生長，越來越年輕漂亮了……」

　　洛麗塔剛在公司開完會。自己的部門要撤銷雖早有風聲傳出，但剛才的會議才正式確認。她覺得是公司裏所有人都在和她作對，心裏正窩着火呢，此刻對蜀生更是恨恨的：還有這號不懂事的直男！我就不信他一點兒風聲都沒收到！

　　她忍不住打斷了蜀生：「好了，還是說說你吧。是不是要坐直升機升到高層了？」

　　蜀生和沈伯頂了兩句，心裏還在別扭，忙說：「升甚麼！我正想挪動挪動呢。你那兒還要人嗎？」

　　洛麗塔忍無可忍：「李蜀生，你是**擺景**，還是**贈慶**？還是**擺景贈慶**都有？」

　　說罷怒氣沖沖地開車走了。

　　直男蜀生還留在原地發呆：「甚麼是**擺景**？甚麼是**贈慶**？甚麼又是**擺景贈慶**？」

　　回到家和在成都的麗渝視頻，麗渝讓他查查書架上的粵語詞典。還告訴他：下星期她就會上山看「一明」師傅，也就是蜀生的大姑姑。

　　蜀生查了詞典上的「**擺景贈慶**」釋義，更矇了：做秀讓對方難堪湊熱鬧？他完全沒這意思呀。

「擺景」指做秀令對方尷尬,「贈慶」指湊熱鬧。貶義詞。對應普通話可說「使人難堪」或「幸災樂禍」。

例句

粵語

(1) 隔籬有老人,啱啱過身,做緊白事,佢呢頭就吹啲打擺生日酒,好似*攞景贈慶*噉。

(2) 哦,佢真唔係*攞景贈慶*。佢唔係陰濕嘅人,冇心嚟激你嘅。

普通話

(1) 隔壁的老人剛去世在辦喪事,他這邊就吹喇叭擺生日酒席,好像幸災樂禍似的。

(2) 哦,他完全不是故意讓你難堪,他不是心理陰暗的人,沒想要刺激你。

蜀生認為他來公司及升遷,都由沈伯幕後操作,自己只是傀儡,努力的價值被貶低了,心裏總有點兒不爽。

和沈伯衝突後,蜀生更是動了辭職念頭。麗渝已回成都辦理「優才計劃」來港,他找不到人撒氣,便打電話約慶祥到尖沙咀吃了個快餐,交代了一個兼職項目,順便吐吐悶氣。

吃完飯坐在海旁,看了「幻彩詠香江」的燈光秀,蜀生撩起了辭職的話題。

慶祥盯着他:「你是**下扒輕輕**說的吧⋯⋯哦,不過是隨口一說的吧?」

「我要靠自己的實力去幹!你幫我問問洛麗塔,許諾過給我的職位是不是還有效。」

「你聽她**下扒輕輕**許諾!現在更沒戲了:她的部門撤銷了。」

蜀生想起在停車場見到洛麗塔時她的反應才恍然大悟:「原來如此。」

慶祥忽然朝燈火幽暗處努嘴:「噓,說到曹操,曹操就到⋯⋯」

洛麗塔正蜷縮在一個老男人懷裏。慶祥說那是另一家大公司老闆,他的女兒都可以當洛麗塔的媽了。

蜀生吃驚:「玩得太兇了吧?」

慶祥哈哈道:「你還真是純潔男!洛麗塔的部門沒了,她這個世界女得找個下家吧。你別指望她了,老老實實走沈伯鋪好的路吧⋯⋯我就奇怪了,你怎麼會這麼抗拒香港的職場文化?」

「怎麼講?」

慶祥說,香港職場重視人脈關係。自己努力固然重要,但有人「罩」着才能往上流,特別是到了一定的職級。

「像沈伯這樣為你操心,多少人求之不得!內地沒教過你人際關係學嗎?」

蜀生覺得慶祥簡直可以當自己的職場導師了。

慶祥又一笑:「當然,沈伯關照你,也是為他年輕時的風流賬買單。」

「怎麼是風流賬?」蜀生有些生氣,細想冼老師說的「紅顏知己」往事,自責對兩位前輩的苦心不領情,「雙方都付出了真心的⋯⋯」

「既是回報一段真情,你就別總是**下扒輕輕**說辭職了,好好呆在你的公司!」

他把「你的」加重了語氣。他覺得,米高的位置早晚是蜀生的。

釋義

「下扒」即「下巴」，此詞可指輕易就許諾，也可指說的話不兌現。貶義詞。對應普通話可說「信口開河」、「言而無信」。

例句

粵語

(1)
Keoi5 waa6 bong1 nei5 gung1 lau2 ? Ngo5 m4 seon3 .
佢　話　幫　你　供　樓　？　我　唔　信　。
Keoi5 bat1 nau1 dou1 **haa6 paa4 heng1 heng1** , gong2 je5
佢　不　嬲　都　**下　扒　輕　輕**　，　講　嘢
m4 syun3 sou3 ge2 .
唔　算　數　嘅　。

(2)
Gung1 si1 zou6 saang1 ji3 m4 ho2 ji3 **haa6 paa4 heng1**
公　司　做　生　意　唔　可　以　**下　扒　輕**
heng1 gaa3 . Jat1 ci3 m4 sau2 seon3 jung6 jan4
輕　㗎　。　一　次　唔　守　信　用　人
dei6 haa6 ci3 zau6 m4 wan2 nei5 gaa3 laa3
哋　下　次　就　唔　搵　你　㗎　喇　。

普通話

(1)
Tā shuō bāng nǐ huán fáng dài ? Wǒ bú
他　說　幫　你　還　房　貸　？　我　不
xìn . Tā shuō huà yí xiàng dōu xìn kǒu kāi
信　。　他　說　話　一　向　都　信　口　開
hé , shuō le bú duì xiàn .
河　，　說　了　不　兌　現　。

(2)
Gōng sī zuò shēng yi bù néng yán ér wú
公　司　做　生　意　不　能　言　而　無
xìn . Yí cì bù jiǎng xìn yòng , rén jia
信　。　一　次　不　講　信　用　，　人　家
xià cì jiù bú huì lái zhǎo nǐ le .
下　次　就　不　會　來　找　你　了　。

11 倒瓤冬瓜

父母長期處在冷戰的狀態，玉娟小時候缺少家庭的溫暖，米高自小就是她感情上唯一的慰藉，所以她非常珍愛丈夫，也特別重視家庭生活。他們的兒女很早就到了英國讀書，只要安排得下，兩口子便會飛去那兒與孩子們團聚。

米高本在進口紅酒公司打工，職位不高。

沈伯對病逝的太太和女兒有點兒歉疚，為使父女關係正常化，他把自己在公司的部份股權贈送給女兒兩口子，還說服董事會讓米高當上了公司總裁。

米高工作很賣力，但人不夠精明，只看他把傻裏傻氣的小妹招來公司，就知道他辦事不太靠譜。好在公司老員工多，又有沈伯這樣幾個開山大臣在公司裏步步緊盯，這些年公司的業務總算順風順水。

米高長得牛高馬大，身體卻不好，發燒感冒、全身疼痛是家常便飯。他卻對自己的身體不太上心。玉娟只好備好藥放在米高的衣袋，他不舒服了便往嘴裏塞幾粒。

有一次開會時，海倫見到米高往嘴裏大把地塞藥，脫口就叫他做「**倒瓤冬瓜**」。這綽號就在公司傳開了。

「姿姿整整」大賽後，父女倆能說上話了，沈伯才認真地向玉娟建議讓米高去做一次徹底的體檢，還推薦了一家相熟的體檢中心。

事後沈伯追問檢查的結果，玉娟輕描淡寫道：體質弱些罷了。

其實米高是肝硬化，醫生勸米高辭掉工作，專心養病，爭取多活幾年。

玉娟抱着米高哭了一夜，然後堅決地說：「辭職！到英國去和孩子們在一起，過好最後的時光！」

她沒把米高的病情告訴任何人。

沈伯試探着問過：「看米高那個高大身型，該沒甚麼大事吧？」

「也就是個**倒瓤冬瓜**罷了……」玉娟幾乎喊出聲來。但她自小就習慣掩飾心事，便只說：「真沒甚麼大事。」

她想：爹哋這輩子也不易，何必讓他擔心呢？不過她還是說了句吊胃口的話：「米高說有空想請爹哋吃頓飯。」

　　「倒瓤」指瓜瓤已壞到出水，用以說人的身體看來很強壯，其實並不好。貶義詞。對應普通話可說「虛有其表」、「外強中乾」。

例句 ●●

粵語

(1) 你 呢 個 **倒 瓤 冬 瓜** 三 日 唔 埋
Nei5 ni1 go3 dou2 nong4 dung1 gwaa1 saam1 jat6 m4 maai4
兩 日 就 請 病 假 。 快 啲 去 鍛
loeng5 jat6 zau6 ceng2 beng6 gaa3 . Faai3 di1 heoi3 dyun6
煉 下 身 體 啦 ！
lin6 haa5 san1 tai2 laa1 ！

(2) 睇 佢 生 得 大 大 隻 ， 其 實 一
Tai2 keoi5 saang1 dak1 daai6 daai6 zek3 ， kei4 sat6 jat1
身 病 痛 ， **倒 瓤 冬 瓜** 之 嘛 。
san1 beng6 tung3 ， dou2 nong4 dung1 gwaa1 zi1 ma3 。

普通話

(1) 你 外 表 高 大 ， 其 實 外 強 中
Nǐ wài biǎo gāo dà ， qí shí wài qiáng zhōng
乾 ， 三 天 兩 頭 就 請 病 假 。
gān ， sān tiān liǎng tóu jiù qǐng bìng jià
還 不 趕 快 去 鍛 煉 鍛 煉 身
Hái bù gǎn kuài qù duàn lian duàn lian shēn
體 ！
tǐ ！

(2) 看 他 長 得 高 大 強 壯 ， 其 實
Kàn tā zhǎng de gāo dà qiáng zhuàng ， qí shí
一 身 是 病 ， 虛 有 其 表 罷
yì shēn shì bìng ， xū yǒu qí biǎo bà
了 。
le 。

12 眼闊肚窄

麗渝回成都，身負重任。

蜀生心裏一堆雜念，讓麗渝看着憋屈，一到成都就先去看望了蜀生的父母，想了解一下沈伯背後的操作。

蜀生爸爸說大姐出家前吩咐：將來有機會就讓孩子到香港讀書。

蜀生爸爸小生意一直順利，碰上有事總能得到一些朋友相幫，但從不認識一名姓沈的香港商人。只是在蜀生報考碩士研究生前夕，家裏的信箱收到了一份香港各大學內地聯合招生的通告，這才想到要抓住送上門的機會，了卻大姐在凡間的一點念想。

蜀生後來的就業，蜀生爸爸更一無所知，說：「你們比我更清楚呀。」

麗渝到山上寺院去見了「一明」師父，她已是寺院主持。

麗渝先到大殿去捐了香油，一明師父特意走過來合掌道謝：「小施主眉慈目善，一看就與佛有緣。」

麗渝忙說出一位「香港朋友」的煩惱，求師父指點。

師父眉梢一挑，閃出了一絲當年的明麗，只道：「緣來惜緣，隨緣就好。」

麗渝回去和蜀生視頻，二人把所有細節拼在了一起，覺得沈伯與姑姑冥冥中的相遇是天意，而沈伯與蜀生人海中的相洽更是緣份。

二人達成了共識：緣來應惜緣，就死心塌地來在公司，哪兒也不去了。

蜀生心裏敞亮了，找了家高檔私房菜請沈伯吃飯，當面賠罪。

沈伯看了蜀生預訂的菜單，罵道：「吃得下嗎？你小子不怕**眼闊肚窄**？」

沈伯掏出一份汽車銷售市場調查草案，說內地一款新能源汽車最近搶手，想看看公司是不是可以做香港和海外的代理。

「你一星期後給我拿出報告。實事求是，別**眼闊肚窄**大包大攬……」

他心裏在想自己的事：「以為答應了明馨的事安排得滴水不漏，還是高估了自己，**眼闊肚窄**了……」

蜀生對計劃很感興趣：「我讓慶祥先跑跑。他現在做汽車銷售，熟悉市場。」

對慶祥沒說過好話的沈伯竟沒反對，接過蜀生賠罪的話題說：「凡事隨緣惜緣才能通達。我引你進公司，可小子你無緣相接，我不也白費心血了嗎？」

釋義

多用在形容吃食方面，指嘴饞貪心想多吃，實際上肚子不爭氣吃不下。後引伸指要求太多或理想高遠，但能力不夠。貶義詞。對應普通話可說「嘴饞肚子小」、「眼高手低」。

例句

粵語

(1) Gwo3 nin4 heoi3 zau2 lou4 sik6 faan6 giu3 zo2 seng4 tai2 sung3. Ji4 gaa1 di1 jan4 ngaan5 fut3 tou5 zaak3, zing6 dai1 m4 siu2 jiu3 daa2 baau1.
過年去酒樓食飯叫咗成枱餸。而家啲人**眼闊肚窄**，剩低唔少要打包。

(2) M4 hou2 zip3 gam3 do1 daan1 laa3. Gung1 si1 jan4 sau2 siu2, ngaan5 fut3 tou5 zaak3 gan1 bun2 sik3 m4 saai3.
唔好接咁多單喇。公司人手少，**眼闊肚窄**根本食唔晒。

普通話

(1) Guò nián qù fàn diàn chī fàn diǎn le yǐ zhuō zi cài. Xiàn zài de rén yǎn jing dà dù zi xiǎo, cháng cháng shèng xia bù shǎo yào dǎ bāo.
過年去飯店吃飯點了一桌子菜。現在的人眼睛大肚子小，常常剩下不少要打包。

(2) Bú yào jiē nà me xiē dìng dān le. Gōng sī rén shóu shǎo, yǎn gāo shǒu dī de gēn běn xiāo huà bù liǎo.
不要接那麼些訂單了。公司人手少，眼高手低的根本消化不了。

13 戙起牀板

　　慶祥一接到蜀生的汽車市場調查草案，就向公司請了一星期的大假，天天跑各家車行，和代理商、銷售員、顧客聊天。談話中得到的信息，他當天就整理出表格傳給蜀生。蜀生也配合着表格的各種信息和數據，上網去查驗更正。

　　有兩個夜晚，蜀生和慶祥都是***戙起牀板***，喝着咖啡在電話裏討論到天亮的。

　　他倆補充了原調查草案的內容，預估了未來使用新能源汽車人群的年齡、職業、收入，對這款車在潛在市場的佔有率作了初步估算。

　　慶祥認為，公司除了蜀生，還有幾位內地來的人才，在與內地汽車公司溝通「引進」方面，應該是一路綠燈；至於在香港和海外的銷售隊伍，也不難培養，香港有成熟的培訓機制。

　　蜀生欣賞慶祥的能力。若以他自己為主力去跑市場，一是語言不過關，二是他沒有慶祥那種本事。慶祥總能透過看似輕鬆的談話，就套到很有價值的信息。蜀生打定主意，公司若開展這項業務，他一定拉慶祥回來委以重任。

　　慶祥也說過，老東家的業務廣泛且有意思，他希望公司能給機會回巢效力。

　　沈伯找蜀生到辦公室，談對市場調查書的意見，看着他熬紅了的雙眼：「***戙起牀板***幾天了？今晚補個覺……」

　　正說着他出去接了個電話，回來說：「你的覺補不成了。明天晚上董事會就要聽這份報告的講解。加加油，今天晚上*戙起牀板*做個 PPT(簡報)……」

　　「***戙起牀板***！」蜀生揉着雙眼，「我的牀板都快要戙破了……」

　　走出沈伯的辦公室蜀生就接到了慶祥的電話。他急着要知道沈伯對報告的反應，自告奮勇***戙起牀板***幫蜀生做 PPT。

　　蜀生告訴沈伯：「給董事們講解可行性報告的，將是他和慶祥兩個人。如果董事會批准項目上馬，慶祥會是領頭的開荒牛。」

　　沈伯沒有反對，只說：「他有能力，但得盯緊點。」

　　「戙起」指「立起」，把牀板立起來，意指不睡覺，形容熬夜做事、通宵工作的狀態。中性詞。對應普通話可說「通宵達旦」、「連軸轉」。

例句 ●●●

粵語

(1)
Ni1 tiu4 tai4 muk6 taai3 naan4 laa3 . Ngo5 kam4 maan5
呢 條 題 目 太 難 喇 。 我 琴 晚
dung6 *hei2* *cong4* *baan2* nam2 zok1 jat1 je6 , dou1 wan2
戙 起 牀 板 諗 足 一 夜 ， 都 搵
m4 dou2 daap3 ngon3
唔 到 答 案 。

(2)
Aa3 baa4 go3 gung1 si1 zip3 zo2 hou2 do1 deng6
阿 爸 個 公 司 接 咗 好 多 訂
daan1 , gon2 zyu6 hai2 sing3 daan3 zit3 cin4 ceot1
單 ， 趕 住 喺 聖 誕 節 前 出
fo3 . Jiu3 dung6 *hei2* *cong4* *baan2* gon2 gung1 laa3 .
貨 。 要 *戙 起 牀 板* 趕 工 喇 。

普通話

(1)
Zhèi dào tí tài nán le . Wǒ zuó wǎn yì
這 道 題 太 難 了 。 我 昨 晚 一
siǔ méi shuì , yě zhǎo bu dào dá àn
宿 沒 睡 ， 也 找 不 到 答 案 。

(2)
Bà ba de gōng sī jiē dào dà pī dìng
爸 爸 的 公 司 接 到 大 批 訂
dān , gǎn zài shèng dàn jié qián chū huò .
單 ， 趕 在 聖 誕 節 前 出 貨 。
Yào lián zhóu zhuàn áo yè qù gǎn gōng le .
要 連 軸 轉 熬 夜 去 趕 工 了 。

14 拉埋天窗

麗渝按「優才計劃」順利來港定居，可是她不想打工，想建個 AI 的初創公司。

沈伯反對：「蜀生你先和她**拉埋天窗**……也就是結婚！生完孩子再說。」

蜀生紅着臉說：「我們早就在一起了，也不差那一張婚紙。」

「那怎麼能一樣？」沈伯有點動氣，「那張婚紙時刻提醒雙方要盡的義務和責任。再說你就不怕麗渝讓人搶走，不能和你相守終生？」

沈伯想起永不能和他相守的明馨，心在隱隱作痛。

麗渝身邊一直不缺追求者，沈伯的話擊中了蜀生的死穴，他忙滿口答應：「**拉埋天窗**！**拉埋天窗**！只是……」

他倆已攢夠買個小房的首期，但不知買哪區的好。

「現在樓市還不明朗，還是接着租房吧……」沈伯勸道，「首期錢留着用在刀刃上。」

拉埋天窗的事交給了婚宴公司操作。巧了，那公司正是弗洛拉和仙蒂新開的，參與業務的竟又是故事裏的一串熟人。

小姑阿秋來婚宴公司兼職，幹着兩份工她也就無心去想帶貨了。

小美是必須來幫「姐妹團」大姐的忙的。男朋友佐伊唱詩班的童子功技癢，自報免費來唱上半場歌，其中《傳奇》唱的不是王菲而是丹麥國寶米高搖滾樂隊的英文版本。

出版社的同事阿敏、姬瑪等都來捧佐伊的場。大家都沒想到夭嫋鬼命的佐伊竟會有一副好嗓子。

佐伊請了他做地產中介時的客戶、鋼琴老師阿雯來伴奏。阿雯讀過丈夫光仔教的《月亮與六便士》，深明既要抬頭看月亮的「雅」，也要低頭撿起六便士的「俗」，重視每個賺錢機會。

阿楊的建築機械公司還在煲冇米粥，砂煲兄弟們盤下一家物流公司的小車出租業務先幹着等機會。到酒店接新娘子就是他們的生意。代表物流公司辦過戶手續的，是張先生保羅。他的太太阿梅終於生下了一個大胖兒子。

承接婚宴酒樓的廚師中就有阿松家的大威，他從廚藝學校畢業入了行，決心 40 歲前登上主廚位置。這想法相當「男人老狗」。

「**拉埋天窗**」的活動進行得很有氣氛。麗渝在婚禮時接了兩個電話，

都無關**拉埋天窗**,而是有關初創公司。

　　沈伯坐在主家席中琢磨:「麗渝有幾分長得像明馨,連作派都像:大方、細心、體貼、夠拼。蜀生你**拉埋天窗**就對了!」

釋義

　　以前廣東一帶的房子都在房頂開個天窗透氣。「拉埋」指「拉上」。此詞代表保護隱私不讓人偷窺,寓意結婚。中性詞。對應普通話可說「結婚」、「共諧連理」。

例句

粵語

(1) 你阿哥同佢女友都拍咗好多年拖啦。幾時至**拉埋天窗**生返一男半女呀?

Nei2 aa3 go1 tung4 keoi5 neoi5 jau5 dou1 paak3 zo2 hou2 do1 nin4 to1 laa1. Gei2 si4 zi3 laai1 maai4 tin1 coeng1 saang1 faan1 jat1 naam4 bun3 neoi5 aa3?

(2) 佢原先話今年年尾**拉埋天窗**嘅,點知訂唔到酒店擺酒,咪推到出年囉。

Keoi5 jyun4 sin1 waa6 gam1 nin2 nin4 mei5 laai1 maai tin1 coeng1 ge2, Dim2 zi1 deng6 m4 dou2 zau2 dim3 baai2 zau2 maai6 teoi1 dou3 ceot1 nin2 lo1.

普通話

(1) 你哥哥和他女友也談了好多年戀愛了。甚麼時候才結婚生兒育女啊?

Nǐ gē ge hé tā nǚ yóu yě tán le hǎo duō nián liàn ài le. Shén me shí hou cái jié hūn shēng ér yù nǚ a?

(2) 她本來說今年年底結婚的。誰知道訂不到飯店擺酒席,只好推到明年了。

Tā běn lái shuō jīn nián nián dǐ jié hūn de. Shéi zhī dao dìng bu dào fàn diàn bái jiǔ xí, zhǐ hǎo tuī dào míng nián le.

一個平常的日子，公司中層職級的員工收到董事會的郵件，說總裁米高因私人理由即將離職，他將會向過渡小組交代部份股權轉讓等工作。

辭職前米高果然請岳父吃了飯，堅持說辭職是為了家庭團聚，還說：「我們不想像爹哋您似的，老來獨自一人……」發現說話冒犯忙又扳回來，「不不，爹哋還有我們！玉娟和我說好了，我們英國的房子會為您留個房間，您隨時都可以去住。」

沈伯早就知道，女兒重視家庭，全家去英國是早晚的事。但剛認回來的女兒要走，他很是不捨。但站在公司發展的立場，沈伯卻放下了心頭大石：也好，**一天光晒**。受了明馨委託照看而表現出色的蜀生，也就可以按他的打算順利進入公司高層了。

沈伯動員蜀生用買房首期的錢認購公司的股份，還暗示他可以借給他錢。沈伯想這一是把蜀生拴住，二是為蜀生一點點地爭取在公司的話語權。

直到這時，蜀生才看清了沈伯「騙局」的下半場：讓他步進高層。

沈伯和海倫都是過渡小組成員，星期天小組開完會就散了。

公司面對維多利亞港，大廈前是一片綠草坪，那兒有家咖啡店，咖啡的醇香很對沈伯口味。他想去喝一杯，和相熟的老闆娘逗幾句樂輕鬆輕鬆。

海倫早就坐在室外的陽傘下了，見到他笑笑：「Uncle，恭喜你！公司在按你的設想發展。真是**一天光晒**，你也沒甚麼可擔心的了。」

沈伯也笑笑：「人生哪有**一天光晒**的日子？不是煩這個就是煩那個……四月到了，還去喜馬拉雅山？」

「當然。你呢，甚麼時候到成都上山？」

他看着她長大，她看着他變老，歲月讓他們讀懂了彼此的心事，但都不輕易提起。

玉娟辭職前只提到米高想「歇歇」，海倫本想向 uncle 打聽詳情，回頭見到他正與老闆娘調笑，便打消了念頭：uncle 很少笑得這麼坦坦蕩蕩、自然開懷的呢。

她靜靜地喝着咖啡，遙望着海上西沉的夕陽，海天的霞光正無比燦爛。

　　表示雲開霧散，問題全都解決了。褒義詞。對應普通話可說「問題全都解決了」、「可以鬆一口氣了」。

✏️ 例句 •••

粵語

(1)
```
Keoi5 wan2  zo2   hou2  noi6  gung1  ，     ngaan5 tai2  zyu6  lin4
佢    搵    咗    好    耐    工    ，     眼    睇    住    連
sik6  faan6 dou1  jau5  man6  tai4   laa3  。      Jau5  gaa1  gung1
食    飯    都    有    問    題    喇    。     有    家    公
si1   fat1  jin4  giu3  keoi5 heoi3  faan1 gung1  ，    keoi5 zik1
司    忽    然    叫    佢    去    返    工    ，    佢    即
haak1 gok3  dak1  jat1  tin1  gwong1 saai3 laa3
刻    覺    得    一    天    光    晒    喇
```

(2)
```
Uk1   kei2  di1   fong4 taai3 ce1   taai3 ，    aa3   baa4  aa3
屋    企    啲    房    貸    車    貸    ，    阿    爸    阿
maa1  waan4 maai4 zeoi3 hou6  jat1  bat1  gung1 fun2  go2   zan6
媽    還    埋    最    後    一    筆    供    款    嗰    陣
si2   ，    cyun4 gaa1  jan4  gok3  dak1  jat1  tin1  gwong1
時    ，    全    家    人    覺    得    一    天    光
saai3 ，    paak3 hei2  sau2  zoeng2
晒    ，    拍    起    手    掌
```

普通話

(1)
```
Tā    zhǎo  gōng  zuò   zhǎo  le    hěn   cháng shí   jiān  ，
他    找    工    作    找    了    很    長    時    間    ，
yǎn   kàn   chī   fàn   dōu   yǒu   wèn   tí    le    。     Yǒu
眼    看    吃    飯    都    有    問    題    了    。    有
jiā   gōng  sī    hū    rán   jiào  tā    qù    shàng bān   ，
家    公    司    忽    然    叫    他    去    上    班    ，
tā    dùn   shí   jué   de    sōng  le    yì    kǒu   qì    。
他    頓    時    覺    得    鬆    了    一    口    氣    。
```

(2)
```
Jiā   lǐ    de    fáng  dài   chē   dài   ，    bà    ba    mā
家    裏    的    房    貸    車    貸    ，    爸    爸    媽
ma    huán  qīng  zuì   hòu   yì    bǐ    kuǎn  shí   ，    quán
媽    還    清    最    後    一    筆    款    時    ，    全
jiā   rén   jué   dé    zhōng yú    yún   kāi   wù    sàn   ，
家    人    覺    得    終    於    雲    開    霧    散    ，
gú    qǐ    zhǎng lái   。
鼓    起    掌    來    。
```

附錄

普通話音節表

a (啊)	ā啊	bā巴	pà怕	mā媽	fā發	dā搭	tā他
	nà那	lā拉	gā尬	kā咖	hā哈	zhā渣	chā插
	shā沙	zá雜	cā擦	sā撒			
o (喔)	ō喔	bō波	pō坡	mò墨	fó佛	yō唷	
e (婀)	ē婀	me麼	dé得	tè特	ne呢	lè勒	gē哥
	kē科	hē喝	zhē遮	chē車	shé蛇	rè熱	zé則
	cè策	sè色					
ê (欸)	ê欸						
ai (哀)	āi哀	bài拜	pāi拍	mái埋	dāi呆	tāi胎	nǎi乃
	lái來	gāi該	kāi開	hái孩	zhái宅	chāi拆	shāi篩
	zāi災	cái才	sāi腮				
ei (欸)	ēi欸	bēi杯	pēi胚	méi眉	fēi飛	děi得	nèi內
	lèi累	gěi給	kēi剋	hēi黑	zhèi這	shéi誰	zéi賊
ao (熬)	āo熬	bāo包	pāo拋	māo貓	dāo刀	tāo滔	nào鬧
	lāo撈	gāo高	kǎo考	háo豪	zhāo朝	chāo超	shāo燒
	ráo饒	zāo糟	cāo操	sāo騷			
ou (歐)	ōu歐	pōu剖	móu謀	fǒu否	dōu兜	tōu偷	nòu耨
	lóu樓	gōu勾	kǒu口	hòu後	zhōu舟	chōu抽	shōu收
	ròu肉	zōu鄒	còu湊	sōu搜			
an (安)	ān安	bān班	pān潘	màn曼	fān番	dān單	tān攤
	nán男	lán蘭	gān乾	kàn看	hàn漢	zhàn佔	chān摻
	shān山	rán然	zàn贊	cān餐	sān三		
en (恩)	ēn恩	bēn奔	pēn噴	mēn悶	fēn分	dèn扽	nèn嫩
	gēn根	kěn肯	hén痕	zhēn珍	chén塵	shēn申	rén人
	zěn怎	cēn參	sēn森				
ang (骯)	āng骯	bāng幫	páng旁	máng忙	fāng方	dāng當	tāng湯
	náng囊	láng郎	gāng剛	kāng康	háng航	zhāng章	chāng昌
	shāng商	rāng讓	zāng臟	cāng倉	sāng桑		
eng (鞥)	ēng鞥	bēng崩	pēng烹	méng蒙	fēng風	dēng登	téng騰
	néng能	lěng冷	gēng更	kēng坑	hēng亨	zhēng爭	chēng撐
	shēng生	rēng扔	zēng增	céng層	sēng僧		
ong	dōng冬	tōng通	nóng農	lóng龍	gōng工	kōng空	hōng烘
	zhōng中	chōng沖	róng容	zōng宗	cōng聰	sōng松	
er (兒)	ér兒						
—i	zhī知	chī吃	shī詩	rì日	zī資	cī疵	sī思
i (衣)	bī逼	pī批	mī咪	dī低	tī梯	ní尼	lǐ李

	jī 機	qī 七	xī 西	yī 衣

ia (呀)	liǎ 倆	jiā 加	qiǎ 恰	xiā 蝦	yǎ 呀		
iao (腰)	biāo 標	piāo 飄	miáo 苗	diāo 雕	tiāo 挑	niǎo 鳥	liáo 撩
	jiāo 交	qiāo 悄	xiāo 消	yāo 腰			
ie (耶)	bié 別	piē 撇	miè 滅	diē 爹	tiē 貼	niē 捏	liè 烈
	jiē 街	qiē 切	xiē 些	yē 耶			
iou (iu) (憂)	miù 謬	diū 丟	niú 牛	liú 留	jiū 糾	qiū 秋	xiū 休
	yōu 憂						
ian (煙)	biān 邊	piān 偏	miàn 面	diān 顛	tiān 天	nián 年	lián 連
	jiān 兼	qiān 千	xiān 仙	yān 煙			
in (因)	bīn 賓	pīn 拼	mín 民	nín 您	lín 林	jīn 今	qīn 親
	xīn 心	yīn 因					
iang (央)	niáng 娘	liáng 良	jiāng 江	qiāng 腔	xiāng 香	yāng 央	
ing (英)	bīng 兵	píng 平	míng 明	dīng 丁	tīng 聽	níng 寧	lìng 令
	jīng 京	qīng 青	xīng 星	yīng 英			
iong (雍)	jiǒng 炯	qióng 窮	xiōng 兄	yōng 雍			
u (屋)	bǔ 補	pū 舖	mù 木	fū 夫	dù 杜	tū 禿	nú 奴
	lù 路	gū 姑	kū 枯	hū 呼	zhū 朱	chū 初	shū 書
	rú 如	zū 租	cū 粗	sū 蘇	wū 屋		
ua (蛙)	guā 瓜	kuā 誇	huā 花	zhuā 抓	chuā 欻	shuā 刷	wā 蛙
uo (窩)	duō 多	tuō 拖	nuò 諾	luó 羅	guǒ 果	kuò 闊	huò 貨
	zhuō 桌	chuō 戳	shuō 說	ruò 若	zuò 坐	cuō 搓	suō 梭
	wō 窩						
uai (歪)	guāi 乖	kuài 快	huài 壞	zhuài 拽	chuāi 揣	shuāi 衰	wāi 歪
uei (ui) (威)	duī 堆	tuī 退	guī 規	kuī 虧	huī 灰	zhuī 追	chuī 吹
	shuǐ 水	ruì 銳	zuì 最	cuī 崔	suī 雖	wēi 威	
uan (彎)	duān 端	tuán 團	nuǎn 暖	luàn 亂	guān 官	kuān 寬	huān 歡
	zhuān 專	chuān 川	shuān 閂	ruǎn 軟	zuān 鑽	cuàn 竄	suān 酸
	wān 彎						
uen (un) (溫)	dūn 敦	tūn 吞	lún 輪	gǔn 滾	kùn 困	hūn 昏	zhǔn 準
	chūn 春	shùn 順	rùn 潤	zūn 尊	cūn 村	sūn 孫	wēn 溫
uang (汪)	guāng 光	kuāng 匡	huāng 荒	zhuāng 裝	chuāng 窗	shuāng 雙	wāng 汪
ueng (翁)	wēng 翁						
ü (迂)	nǚ 女	lǚ 呂	jū 居	qū 區	xū 虛	yū 迂	
üe (月)	nüè 虐	lüè 略	jué 決	quē 缺	xuē 學	yuè 月	
üan (冤)	juān 娟	quān 圈	xuān 宣	yuān 冤			
ün (暈)	jūn 軍	qún 群	xūn 勳	yūn 暈			

普通話音節表

粵語音節表說明

1. 粵語音節表顯示粵語聲母和韻母組合而成的所有音節，涵蓋常用漢字讀音和口語音，編製主要依據《香港粵語大詞典》（張勵妍、倪列懷、潘禮美，2018，天地圖書有限公司），另外還參考了的《漢語多功能字庫》（香港中文大學人文電算研究中心，2014），以及《廣州話方言詞典》（饒秉才、歐陽覺亞、周無忌，1981，商務印書館〔香港〕有限公司）。

2. 本表所列聲母 19 個，韻母 59 個，其中 eu、em、en、ep、et、op 六個韻母，大部份音節都只用於口語。

3. 部份韻母可獨立成音節，也即「零聲母」音節，這些音節多為嘆詞或外語借詞音節，如「aai 唉」、「au（out）」。而「鴉（nga1）」、「挨（ngaai1）」、「歐（ngau1）」……等有讀 ng 聲母和零聲母兩可的情況，這裏則作 ng 聲母處理。

4.m、ng 為輔音韻母，除了與 h 組成「hng 哼」外，不與其他聲母相拼。

5. 表中部份音節，為漢字的口語讀音（白讀），如「heng 輕」、「bek 壁」，例字後均以「（白）」作標示。

6. 表中所列音節，均列舉字例，所用漢字，也包括部份方言用字，如「jaap 揜」、「kwaak 㩴」、「mam 𩠌」、「di 啲」、「we 摵」、「zeu 噍」、「loe 𡁻」。這些字均以星號 * 標示。

7. 部份音節只在口語中使用，但會借用某一漢字作書寫形式，如「（keu）喬溜」、「（doeng）雞啄米」，列舉字例時會以詞語形式標示。

8. 有音而沒有常見字形音節，表中在列舉字例時，以□代表，並以詞語形式標示，如「（faak）□雞蛋」。部份例子為外語詞原文（包括縮略詞），如「（gem）game」、「（ju）U」，只列出音節，例子另列於後。

9. 只在口語中出現的音節，一律加括號。

10. 據表中統計所得，粵語音節總數為 718 個，其中字音音節為 624 個（包括方言字），非字音音節為 94 個（包括「借用字」、「有音無字」音節和字母詞音節）。

音節表字母詞音節 52 個及外語詞原文（包括縮略詞）例子：

1. （aan）antie
2. （ang）uncle
3. （ap）up-date
4. （au）out
5. （ben）夾 band
6. （daang）down 機
7. （zei）DJ
8. （zem）jam 歌
9. （zon）join
10. （zop）job
11. （et）add
12. （en）encore
13. （ep）apps
14. （fek）fax
15. （fen）friend
16. （fiu）feel
17. （fou）level
18. （gem）game
19. （hep）happy
20. （hoet）hurt
21. （in）in
22. （ju）U
23. （kaang）counter
24. （kem）claim
25. （ken）cancer
26. （kep）cap 圖
27. （ki）啤 key

28. （kop）copy
29. （kou）guota
30. （mek）mag
31. （men）man
32. （mu）movie
33. （on）horn
34. （ou）O.K.
35. （pon）coupon
36. （pot）port
37. （sem）sem
38. （sen）sent
39. （set）set
40. （seu）sell
41. （sop）shopping
42. （sot）short
43. （su）tissue
44. （sun）zoom
45. （tei）taste
46. （ti）T 恤
47. （top）top
48. （tu）take two
49. （wen）van
50. （wep）rap
51. （wet）wet
52. （wiu）view

＊未包括在音節表內的特殊音節：

（zwai）dry

b	baa 巴	baai 擺	baau 包	baan 班	baang 繃	baat 八	baak 百
	bai 閉	bam 泵	ban 賓	bang 崩	bat 不	bak 北	be 啤
	bei 鼻	(ben)	beng 餅	bek 壁(白)	bo 波	bou 保	bong 幫
	bok 博	(bi) 啤啤仔	biu 標	bin 邊	bing 兵	bit 必	bik 迫
	bui 背	bun 搬	bung 埲	but 缽	buk 卜		
p	paa 爬	paai 派	paau 拋	paan 攀	paang 棚	(paat) 拍拿	paak 拍
	pai 批	pau 婄	pan 頻	pang 朋	pat 疋	(pe) 啤牌	pei 皮
	peng 平	(pet) 一坺	pek 擗	(poe) 巴仙	po 婆	pou 舖	(pon)
	pong 旁	(pot)	pok 撲	(pi) 披薩	piu 票	pin 偏	ping 平
	pit 撇	pik 僻	pui 配	pun 判	pung 碰	put 潑	puk 仆
m	maa 媽	maai 買	maau 貓	maan 慢	maang 猛	maat 抹	maak 擘
	mai 迷	mau 謀	mam 食岩*	man 蚊	mang 盟	mat 物	mak 墨
	me 咩	mei 尾	(men)	meng 名(白)	(mek)	mo 摩	mou 毛
	(mon) 芒	mong 望	mok 剝	mi 眯	miu 瞄	min 面	ming 明
	mit 滅	mik 覓	(mu)	mui 妹	mun 門	mung 蒙	mut 沒
	muk 木						
f	faa 花	faai 快	faan 返	faat 發	(faak) □雞蛋	fai 揮	fau 浮
	fan 分	fang 捐	fat 忽	fe 啡	fei 飛	(fen)	(fek)
	fo 火	(fou)	fong 放	fok 霍	(fi) 啡哩啡咧	(fiu)	(fing) 吊吊揈
	(fit) □□聲	(fik) □乾	fu 苦	fui 灰	fun 款	fung 風	fut 闊
	fuk 福						
d	daa 打	daai 大	daam 擔	daan 單	(daang)	daap 搭	daat 笪
	daak 吶	dai 低	dau 兜	dam 扰	dan 墩	dang 等	dap 耷
	dat 突	dak 特	de 爹	dei 地	deu 掉	deng 釘(白)	dek 笛
	doe 朵(白)	doei 對	deon 敦	(doeng) 雞啄米	deot 咄	doek 剁	do 多
	doi 代	dou 刀	dong 當	dok 度	di 啲*	diu 丟	dim 點
	din 電	ding 定	dip 碟	dit 跌	dik 的	dung 冬	(dut) 嘟卡
	duk 督	dyun 斷	dyut 奪				

t	taa 他	taai 太	taam 貪	taan 攤	taap 塔	taat 撻	tai 提
	tau 頭	tam 氹	tan 褪	tang 藤	(tap) □□掂	(tei)	teng 艇
	(tet) 趿住對鞋	tek 踢	toe 唾	toei 推	teon 盾	to 拖	toi 抬
	tou 土	tong 糖	(top)	tok 托	(ti)	tiu 挑	tim 添
	tin 天	ting 停	tip 貼	tit 鐵	tik 剔	(tu)	tung 通
	tuk 禿	tyun 團	tyut 脫				
n	naa 拿	naai 奶	naau 鬧	naam 男	naan 難	naap 納	naat 炳
	nai 泥	nau 扭	nam 諗	nan 撚	nang 能	nap 粒	nat 吶
	(nak) □牙	ne 呢	nei 你	noei 女	noeng 娘	neot 吶	no 糯
	noi 內	nou 腦	nong 囊	nok 諾	ni 呢	niu 尿	nim 黏
	nin 年	ning 擰	nip 捏	nik 搦	nung 燶	(nuk) 碌士	nyun 暖
l	laa 啦	laai 拉	laau 撈	laam 攬	laan 爛	laang 冷	laap 蠟
	laat 邋	laak 嘞	lai 厲	lau 留	lam 林	lan 撚	lang 拎
	lap 笠	lat 甩	lak 勒	le 咧	lei 利	(leu) 空寥寥	lem 舐
	leng 靚	lek 叻	loe 舌累 *	loei 雷	leon 論	loeng 兩	leot 律
	loek 略	lo 籮	loi 來	lou 勞	long 狼	lok 落	(li) 哩哩啦啦
	liu 料	lim 廉	lin 連	ling 零	lip 獵	lit 裂	lik 力
	(lu) 嘰哩咕嚕	lung 龍	luk 六	lyun 亂	lyut 捋		
z	zaa 渣	zaai 齋	zaau 找	zaam 斬	zaan 贊	zaang 掙	zaap 雜
	zaat 扎	zaak 責	zai 擠	zau 周	zam 針	zan 真	zang 憎
	zap 執	zat 質	zak 側	ze 姐	(zei)	zeu 口焦 *	(zem)
	zeng 鄭	zek 隻	(zoe) 朘朘	zoei 嘴	zeon 樽	zoeng 將	zeot 卒
	zoek 雀	zo 左	zoi 在	zou 做	(zon)	zong 裝	(zop)
	zok 作	zi 子	ziu 招	zim 尖	zin 煎	zing 蒸	zip 接
	zit 節	zik 積	zung 中	zuk 捉	zyu 豬	zyun 專	zyut 絕
c	caa 叉	caai 猜	caau 炒	caam 慘	caan 餐	caang 撐	caap 插
	caat 擦	caak 拆	cai 齊	cau 抽	cam 侵	can 親	cang 層
	cap 緝	cat 七	cak 測	ce 車	ceng 請（白）	cek 赤	(coe) □到衡
	coei 催	ceon 春	coeng 窗	ceot 出	coek 桌	co 初	coi 彩
	cou 嘈	cong 床	cok 剒	ci 黐	ciu 超	cim 簽	cin 千
	cing 清	cip 妾	cit 切	cik 戚	cung 充	cuk 畜	cyu 儲
	cyun 穿	cyut 撮					
s	saa 沙	saai 晒	saau 哨	saam 三	saan 山	saang 生（白）	saap 霎

	saat 殺	saak 索	sai 西	sau 收	sam 心	san 新	sang 生
	sap 濕	sat 失	sak 塞	se 些	sei 死	(seu)	(sem)
	(sen)	seng 腥(白)	(set)	sek 石	(soe) 瀡滑梯	soei 水	
	soeng 相	seot 恤	soek 削	so 鎖	soi 腮	sou 騷	song 爽
	(sop)	(sot)	sok 塑	si 私	siu 小	sim 閃	sin 先
	sing 星	sip 攝	sit 蝕	sik 色	(su)	(sun)	sung 鬆
	suk 縮	syu 書	syun 算	syut 雪			
j	jaa 也	jaai 踹	(jaau) 撓仁	(jaam) 染豉油	(jaang) □一腳	jaap 撿 *	jaak 喫
	jai 曳	jau 有	jam 任	jan 人	jap 入	jat 日	je 夜
	jeng 贏(白)	joei 錐	jeon 潤	joeng 樣	joek 藥	jo 喲	ji 衣
	jiu 腰	jim 嚴	jin 煙	jing 影	jip 業	jit 熱	jik 益
	(ju)	jung 用	juk 肉	jyu 魚	jyun 冤	jyut 月	
g	gaa 加	gaai 街	gaau 交	gaam 監	gaan 間	gaang 耕	gaap 夾
	gaat 軋	gaak 隔	gai 雞	gau 狗	gam 金	gan 跟	gang 更
	gap 急	gat 吉	ge 痂	gei 基	(gem)	geng 鏡	gep 夾
	goe 鋸	goei 居	goeng 薑	(geot) □□聲	goek 腳	go 哥	goi 改
	gou 高	gon 乾	gong 講	got 割	gok 各	(gi) 嘰哩咕嚕	giu 叫
	gim 兼	gin 堅	ging 經	gip 澀	git 結	gik 激	gu 姑
	gui 劷	gun 官	gung 公	(gut) □水	guk 谷	gyun 捐	gyut 橛
k	kaa 卡	kaai 楷	kaau 靠	(kaang)	kaat 咭	kaak 繀	kai 契
	kau 球	kam 琴	kan 勤	kang 啃	kap 吸	kat 咳	kak 撒
	ke 茄	kei 奇	(keu) 喬溜	(kem)	(ken)	(keng) 靈擎	(kep)
	kek 劇	koe 瘸	koei 拘	koeng 強	koek 卻	(ko) 可怒也	koi 鈣
	(kou)	kong 抗	(kop)	kok 確	(ki)	kiu 橋	kim 鉗
	kin 虔	king 傾	(kip) 噏 * 弗	kit 揭	kik 棘	ku 箍	kui 繪
	kung 窮	kut 括	kuk 曲	kyun 拳	kyut 缺		
ng	ngaa 牙	ngaai 挨	ngaau 咬	ngaam 岩	ngaan 眼	ngaang 硬	ngaap 鴨
	ngaat 押	ngaak 呃	ngai 矮	ngau 牛	ngam 暗	ngan 銀	ngang 哽
	ngap 岌	ngat 迄	ngak 握	(nge) 拉□□	ngo 我	ngoi 愛	ngou 傲
	ngon 安	ngong 戇	ngok 惡	(ngi) 咿咿哦哦	ngit 齧	ngung 甕	nguk 屋

h	haa 蝦	haai 鞋	haau 考	haam 喊	haan 閒	haang 坑	haap 呷
	haak 客	hai 係	hau 口	ham 坎	han 恨	hang 衡	hap 合
	hat 乞	hak 黑	(he)□(嘆詞)	hei 起	heng 輕(白)	(hep)	hek 吃
	hoe 靴	hoei 墟	hoeng 香	(heot)	ho 河	hoi 開	hou 好
	hon 看	hong 行	hot 渴	hok 學	hiu 曉	him 欠	hin 憲
	hing 慶	hip 協	hit 歇	hung 空	huk 哭	hyun 勸	hyut 血
	hng 哼						
gw	gwaa 瓜	gwaai 拐	gwaan 關	gwaang 逛	gwaat 刮	gwaak 摑	gwai 鬼
	gwan 滾	gwang 轟	gwat 倔	(gwak)硬倔倔	(gwe) 蛇呱	gwo 果	gwong 光
	gwok 國	gwing 炯	gwik 隙				
kw	kwaa 誇	kwaai 啩	kwaang 框	kwaak 口綷*	kwai 虧	kwan 坤	kwang 纊*
	kwong 礦	kwok 擴	kwik 闃				
w	waa 娃	waai 淮	waan 灣	waang 橫	waat 滑	waak 畫	wai 威
	wan 雲	wang 宏	wat 屈	we 掹*	(wen)	(wep)	(wet)
	wo 窩	(wou)□□狗	wong 王	wok 鑊	(wi)□嘩鬼震	(wiu)	wing 永
	wik 域	wu 污	wui 回	wun 換	wut 活		
零聲母	aa 阿	aai 唉	(aan)	ai 哎	(au)	(ang)	(ap)
	e 欸	ei 欸	(en)	(ep)	(et)	(eot) 打□	o 柯
	(ou)	(on)	(in)	m 唔	ng 五		

www.cosmosbooks.com.hk

書　　名	香港粵語趣談——生活中的四字詞	
作　　者	黃虹堅	
責任編輯	鄒淑樺	
封面設計	郭志民	
美術編輯	蔡學彰	
出　　版	天地圖書有限公司	

　　　　　 香港黃竹坑道46號新興工業大廈11樓（總寫字樓）
　　　　　 電話：2528 3671　傳真：2865 2609

　　　　　 香港灣仔莊士敦道30號地庫（門市部）
　　　　　 電話：2865 0708　傳真：2861 1541

印　　刷　 亨泰印刷有限公司
　　　　　 柴灣利眾街德景工業大廈10字樓
　　　　　 電話：2896 3687　傳真：2558 1902

發　　行　 聯合新零售（香港）有限公司
　　　　　 香港新界荃灣德士古道220-248號荃灣工業中心16樓
　　　　　 電話：2150 2100　傳真：2407 3062

出版日期　 2024年7月 / 初版・香港